지지 않는 대화

どんな人も思い通りに動かせる
アリストテレス 無敵の「弁論術」
高橋健太郎 著
朝日新聞出版 刊
2015

ARISTOTLE MUTEKI NO "BENRONJUTSU"
DONNA HITO MO OMOIDOURI NI UGOKASERU
by KENTARO TAKAHASHI
Originally published in Japan in 2015 by Asahi Shimbun Publications Inc., TOKYO.

Copyright ⓒ KENTARO TAKAHASHI, 2015
All rights reserved.

Korean Translation Copyright ⓒ 2025 by The Business Books and Co., Ltd.
Korean translation rights arranged with Asahi Shimbun Publications Inc., TOKYO,
through TOHAN CORPORATION, TOKYO and EntersKorea Co., Ltd., SEOUL.

이 책의 한국어판 저작권은 (주)엔터스코리아를 통해
저작권자와 독점 계약을 맺은 (주)비즈니스북스에게 있습니다.
저작권법에 의해 국내에서 보호를 받는 저작물이므로 무단 전재와 복제를 금합니다.

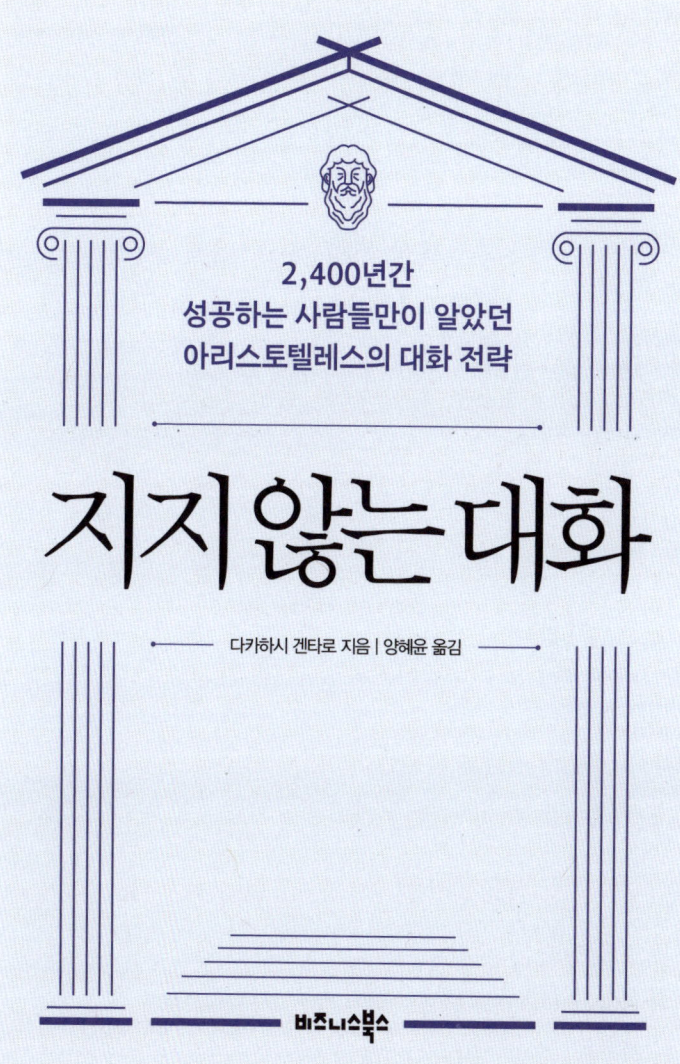

2,400년간
성공하는 사람들만이 알았던
아리스토텔레스의 대화 전략

지지 않는 대화

다카하시 겐타로 지음 | 양혜윤 옮김

비즈니스북스

옮긴이 | **양혜윤**

상명대학교 일어교육과를 졸업하고 SBS 번역 과정을 수료했다. 일본 각지를 여행하며 여러 가지 체험을 했고, 현재는 전문번역가로 활동 중이다. 옮긴 책으로는 《지지 않는 대화》, 《너와 나의 일그러진 세계》, 《정년을 해외에서 보내는 책》, 《100년 기업》, 《하우징 인테리어》, 《알기 쉬운 일본의 역사》 등이 있다.

지지 않는 대화

1판 1쇄 인쇄   2025년 7월 4일
1판 1쇄 발행   2025년 7월 18일

지은이 | 다카하시 겐타로
옮긴이 | 양혜윤
발행인 | 홍영태
편집인 | 김미란
발행처 | (주)비즈니스북스
등 록 | 제2000-000225호(2000년 2월 28일)
주 소 | 03991 서울시 마포구 월드컵북로6길 3 이노베이스빌딩 7층
전 화 | (02)338-9449
팩 스 | (02)338-6543
대표메일 | bb@businessbooks.co.kr
홈페이지 | http://www.businessbooks.co.kr
블로그 | http://blog.naver.com/biz_books
페이스북 | thebizbooks
ISBN 979-11-6254-430-3   03190

* 잘못된 책은 구입하신 서점에서 바꾸어 드립니다.
* 책값은 뒤표지에 있습니다.
* 비즈니스북스에 대한 더 많은 정보가 필요하신 분은 홈페이지를 방문해 주시기 바랍니다.

> 비즈니스북스는 독자 여러분의 소중한 아이디어와 원고 투고를 기다리고 있습니다.
> 원고가 있으신 분은 ms1@businessbooks.co.kr로 간단한 개요와 취지, 연락처 등을 보내 주세요.

한국어판 서문

아리스토텔레스가 알려 주는, 말의 소용돌이에서 나를 지키는 법

《지지 않는 대화》가 새롭게 다듬어져 한국 독자들께 다시 선보인다는 소식을 듣고 저자로서 큰 기쁨을 느끼며 이 글을 씁니다.

2015년 이 책이 일본에서 처음 출간된 지 어느덧 십 년 가까운 시간이 흘렀습니다. 그때와 지금을 비교해 보니 변론술의 중요성은 당시보다 더욱 절실해졌습니다. 세상이 점점 더 '온라인 여론'에 의해 좌우되고 있기 때문입니다. 제가 이 글을 쓰고 있는 일본이나 독자 여러분이 계신 한국이나 이러한 상황은 크게 다르지 않을 것입니다.

지금은 온라인에서 정체도 모르는 사람들이 '좋아요'를 누르면 좋은 상품이 되고, 반대로 근거 없는 루머 하나로 '나쁘다'라는 평이 돌면 순식간에 매장당하는 시대입니다. 온라인 공간에서 '사실은 이렇더라, 알고 보니 저렇더라'라고 떠도는 이야기들이 현실에까지 영향을 미치고 있습니다. 이와 관련된 각종 사건들을 일일이 나열하는 것은 이제 새삼스럽지도 않지만, 최근 십 년 사이 이러한 현상은 더욱 심해졌습니다.

수많은 조직과 개인이 현실을 좌우하는 온라인 여론을 자신에게 유리한 방향으로 유도하려고 밤낮없이 수많은 말을 쏟아내며 사람들을 선동하고 있습니다. 오늘날 온라인 공간은 '말'로 대중을 조종하려는 현대판 소피스트들의 새로운 전쟁터라 해도 과언이 아닙니다.

현대의 삶 자체가 인터넷 연결을 전제로 돌아갑니다. 스마트폰이나 노트북 같은 디바이스와 단절된 생활을 하지 않는 한, 온라인에서 오가는 수많은 메시지를 피하고 살아가기는 어렵습니다.

잠깐 여유가 생겨 스마트폰을 켜면 자극적인 뉴스와 광고, 각종 앱 알림이 쏟아져 나오면서 선동적인 메시지들도 함께 밀려옵니다. 이러한 말들에 계속 노출되다가 잠시라도 방심하면 순식간에 '말의 소용돌이'에 빨려 들어가 매몰됩니다. 그렇게 현대인은 자신도 모르는 새 조금씩 누군가의 욕망을 자신의 욕망인 양 착각하는 사람이 되어버립니다.

현대판 소피스트들이 휘두르는 말 때문에 하루하루 쌓아온 삶의 고유한 궤적과, 지금 여기 일상을 살아가는 진짜 나 자신이 순식간에 증발해버리는 곳, 그것이 오늘날 우리가 결코 벗어날 수 없는 온라인 공간의 특징입니다. 이런 위협 속에서 우리에게 필요한 것은 '그들의 말'에 중독되어 자신을 잃어버리는 상황을 막아줄 수 있는 백신입니다. 이 책에서 소개하는 아리스토텔레스의 '진짜 변론술'이 바로 그러한 백신 역할을 해줄 것이라고 기대합니다.

아리스토텔레스가 남긴 《수사학》Techne Rhetorike은 사람을 설득하는 데 핵심이 되는 이론과 기술을 집대성한 결과물입니다. 그와 동시에 타인의 선동에 쉽게 넘어가지 않기 위한 이론과 기술이기도 합니다.

《수사학》이 고전으로 인정받는 이유는 그 지식을 익히는 것만으로도 말을 다룰 때마다 잠시 멈춰 주변을 찬찬히 살펴보게 해주기 때문입니다. 예를 들어 아리스토텔레스에 따르면 사람은 말하는 사람의 인성과 듣는 사람의 감정 그리고 말하는 내용의 논리성이라는 세 가지 요소에 의해 설득됩니다.

변론술을 알고 있다면 다른 사람의 말에 휩쓸릴 것 같은 순간에 진정으로 상대방이 말하는 내용의 올바름에 설득된 것인지, 아니면 말하는 사람의 평판이나 매력에 홀린 것인지, 혹은 내가 가진 분노나 기쁨 같은 감정에 휘둘리는 것은 아닌지 잠시 멈춰 나와 주변을 점검할 수 있습니다.

반대로 변론술에 대해 전혀 모르는 사람은 잠시 멈춰 생각해 보고 싶어도 그 실마리조차 찾을 수 없습니다. 결국 누군가의 그럴듯한 말에 노출되면 제대로 판단해 볼 겨를도 없이 휩쓸려 버립니다. 다시 말해 온라인에서 쏟아지는 말의 대부분은 '내용의 올바름'이 아니라 '말하는 이의 인격'이나 '듣는 사람의 감정'에 호소하는 설득입니다. 이에 대해서는 꼭 이 책을 통해 확인해보시기 바랍니다.

이 책에서 《수사학》을 통해 소개하는 아리스토텔레스의 변론술은 현대 사회를 살아가며 누군가의 말에 휘둘리는 것이 아니라 스스로 판단하고 납득할 수 있는 '나만의 생각'을 갖기 위해, 나아가 '나답게' 살기 위해 반드시 갖춰야 할 지식이자 기술입니다.

이 책이 한국의 독자 여러분께 나다움을 지키기 위한 백신이 될 수 있다면 저자로서 그보다 더한 기쁨은 없을 것입니다.

2025년 7월

다카하시 겐타로

들어가는 글

사람을 설득하는 능력이 인생을 결정한다

사람이라는 존재는 사회적인 관계의 총합이며, 우리가 사는 세상은 복잡한 사람들이 얽혀 서로 만나고 어긋나는 관계망으로 이뤄져 있다. 그렇기에 인생이라는 과정은 누군가와 함께 살아가기 위해 누군가를 설득하고 또 누군가에게 설득되는 순간의 연속이라고 정의할 수도 있겠다.

삶의 매 순간마다, 하루의 모든 고비마다 설득이 놓여 있다. 직장에서 내가 마련한 기획안을 통과시키기 위해 힘껏 의견을 개진할 때도, 데이트에서 연인과 함께할 때도, 버거운 일을 혼자 해결하지 못해 주변에 손을 내밀 때도, 좀처럼 의견 차이를 좁히지 못하는 지인들을 중재할 때도, 평생을 약속한 사람의 부모님께 결혼 승낙을 받을 때도, 거래처와 사운을 건 계약을 체결할 때도 설득이라는 과정을 반드시 거쳐야 한다.

인간은 누구도 단독으로는 존재할 수 없다. 바로 그런 이유로 타인에게 나를 납득시키는 기술인 설득은 사소한 약속에서부터 한 사람의 인생이 좌우되는 중요한 자리에서까지 삶의 결정적인 순간마다 반드시 필요한 능력이다.

그런데도 대부분의 사람들은 더듬더듬 쌓아올린 자신만의 방식으로 서툴게 자신을 소개하고 타인을 설득하고 있다. 현재를 좌우하고 미래를 결정짓는 중요한 소통의 과정을 주먹구구식으로 해결하려는 것이다. 위태롭고 안타까운 현실이다.

누군가를 설득하는 일은 결코 간단한 과정이 아니다. 일상에서 나누는 사소한 대화에서조차 저마다의 진실과 감정 그리고 인간관계 등이 복잡하게 얽혀 있기 때문이다. 그래서 이렇게 얽히고설킨 장애물을 헤치고 상대방의 마음속을 자신의 의도대로 물들인다는 것은 실로 신의 조화에 가까운 능력이라고 할 수 있다. 살아가는 데 필요한 가장 절실한 능력인 '사람을 움직이는' 힘이 인간이 어찌할 수 없는 영역에 놓인 셈이다.

그런데 이처럼 사람의 범위를 벗어나는 '설득'에 대해 명확한 답을 제시하는 책이 하나 있다. 바로 2,400년 전 고대 그리스부터 전해 내려져 온 고전인 아리스토텔레스의 《수사학》이다.

이 책 《지지 않는 대화》는 철학자 중의 철학자라고 할 수 있는 아리스토텔레스가 《수사학》에서 제시한 '말의 지혜', 설득을 성공시키기 위한 모든 방법을 소개하고자 마련되었다.

나는 일찍이 출판 편집자이자 저자로서 수많은 책을 집필하고 또 제작해오면서 운 좋게도 일류 기업을 일궈낸 경영자부터 걸작을 내놓은 영화감독에 이르기까지 다양한 분야에서 활약하고 있는 사람들을 만나 많은 이야기를 나눌 수 있었다. 그리고 그들의 삶을 경청하면서 다음과 같은 깨달음을 얻었다.

"똑같은 내용을 이야기하더라도, 사람에 따라 설득력이 크게 달라진다."

도대체 왜 그런 것일까? 이와 같은 궁금증이 생기면서 문득 대학원 시절 중국사에 이름을 남긴 논객들에 대해 잠시 연구했던 것이 떠올랐다. 그렇게 '말의 기술'에 대한 흥미가 다시 생기면서 스스로 그 답을 찾기로 결심했다.

그 후 일상에서 이뤄지는 토론이나 대화에서 들은 표현들을 기록하는 한편, 토론이나 설득과 관련된 주제의 책들을 찾아서 읽기 시작했다. 이때 만난 책 가운데 하나가 바로 아리스토텔레스의 《수사학》이다.

이 책을 처음 읽었을 때의 감상을 한마디로 표현하자면 '충격'이었다. 누군가를 설득하기 위해서는 말하는 내용의 충실함은 물론, 듣는 사람의 감정을 세심하게 살피고 이야기하는 사람의 인성을 연출하는 노력까지 아울러야 한다는 철학자다운 통찰과, 설득이 필요한 순간에 바로 활용할 수 있는 '토포스'topos라는 설득의 공식을 마련한 실전성에 이르기까지 이 책은 흠 잡을 데 없는 고전이라는 생각이 들었다. 단, 읽기가 만만치 않다는 점만 빼고 말이다.

다행스럽게도 나는 2년 동안 백여 권에 달하는 철학서를 읽어야 했던 경험이 있기에 어떻게든 《수사학》을 독파할 수 있었다. 그럼에도 이 책이 가진 독특한 문체와 어려운 표현들 때문에 빈말로도 이해하기 쉬운 친절한 책이라고 할 수는 없었다.

많은 독자들이 철학자의 깊고 서늘한 지혜에 선뜻 다가가기 힘들다는 점에서 나는 안타까움을 금할 수 없었다. 그래서 어떻게든 누구나 쉽게 다가갈 수 있는 **평범한 말로 이 비범한 내용을 풀어낼 수 없을까** 하고 오랫동안 고민한 끝에 이 책 《**지지 않는 대화**》를 집필했다.

이 책에서는 내용에서 큰 차이가 없는 이상 '엄밀함'보다는 '명쾌함'과 '친절함'을 우선했다. 《수사학》의 정수를 알기 쉽게 다듬어 전달하는 것이 무엇보다 중요하다고 생각했기 때문이다.

이 책이 가진 성격은 학술서가 아니라 실용서에 더 가깝다. 우리가 살아가며 언젠가는 마주할 결정적인 순간, 바로 설득이 절실한 때 이 책이 더 많은 성공을 거두기 위한 든든한 길잡이로서 활용되기를 기대한다.

단번에 이해하는 아리스토텔레스의 변론술

"어떤 설득도 통하게 할 수 있다!"
"바라는 대로 상대방을 움직일 수 있다!"

핵심

· 아리스토텔레스의 변론술 구조도 ·

방법 1 말에 담긴 내용의 설득력 높이기
- 1. **설득추론**
  "○○이기 때문에 ××이다"라고 말한다.
- 2. **예증**
  "예를 들어"라고 말한다.
- 3. **눈속임의 설득추론** ✗

방법 2 듣는 사람의 감정 유도하기
- 1. 각 감정의 분석과 이용

방법 3 말하는 사람의 인성 연출하기
- 1. 프로네시스 phronesis
- 2. 덕 德
- 3. 청중에 대한 호의

- 1. '정의'의 토포스
- 2. '반대'의 토포스
- 3. '상관'의 토포스
- 4. '기결'의 토포스
- 5. '비교'의 토포스
- 6. '분할'의 토포스
- 7. '선악'의 토포스
- 8. '본심과 포장'의 토포스
- 9. '비유'의 토포스
- 10. '결과'의 토포스
- 11. '일관성'의 토포스
- 12. '억측'의 토포스
- 13. '있을 수 없는 일'의 토포스
- 14. '귀납'의 토포스

> 설득 모델로 만든 '토포스'에 대한 설명
> → **Chapter 3으로!**

- 1. 듣는 사람의 '분노'를 이용한다.
- 2. 듣는 사람의 '우애'를 이용한다.
- 3. 듣는 사람의 '두려움'을 이용한다.
- 4. 듣는 사람의 '부끄러움'을 이용한다.
- 5. 듣는 사람의 '연민'을 이용한다.

> 청중의 감정을 내게 유리한 방향으로 유도해서 내 편으로 만들기
> → **Chapter 4로!**

- 1. '행복'을 염두에 두고 이야기하는 방법
- 2. '좋은 쪽'에 대한 적절한 논법

- 1. '정의'를 연출한다.
- 2. '용기'를 연출한다.
- 3. '절제'를 연출한다.
- 4. '인심'을 연출한다.
- 5. '도량'을 연출한다.
- 6. '대범함'을 연출한다.
- 7. '프로네시스'를 연출한다.

> 인성을 연출해서 자신은 옳다는 주장을 전달하기
> → **Chapter 5로!**

- 1. '나는 당신 편이다'라는 뜻을 티 내지 않고 전한다.

> 차례

한국어판 서문 아리스토텔레스가 알려 주는,
　　　　　　　말의 소용돌이에서 나를 지키는 법 ・ 005
들어가는 글 사람을 설득하는 능력이 인생을 결정한다 ・ 009
단번에 이해하는 아리스토텔레스의 변론술 ・ 014

Chapter 1
이천 년간 전해져 온 최고의 변론술
: 변론술로부터 나를 지키는 방법

인류 역사상 가장 탁월한 설득의 기술 ・ 023
1분 만에 알아보는 아리스토텔레스 ・ 027
철학자들의 철학자, 아리스토텔레스 ・ 029
이천 년을 이어온 '말'의 고전, 《수사학》 ・ 030
아리스토텔레스 변론술을 배워야 하는 네 가지 이유 ・ 033
　정리 노트　 ・ 038

Chapter 2

언제, 어디에서나 통하는 설득의 기술

: 철학자처럼 평범한 말로 사람을 움직이는 법

철학자는 누구나 알 수 있는 평범한 말로 설득한다	· 041
인간은 옳은 말을 듣는다고 설득되지 않는다	· 046
설득하는 자신이 훌륭한 사람이라고 납득시켜라	· 053
듣는 사람의 감정을 설득의 기준으로 삼아라	· 056
타인을 설득하고 싶다면 먼저 타인을 인정하라	· 058
정리 노트	· 063

Chapter 3

다투기도 전에 이기는 말의 공식

: 아리스토텔레스처럼 논리적으로 설득하는 법

변론술의 핵심, 생략삼단논법이란 무엇인가?	· 067
말과 논리는 간결할수록 단단해진다	· 071
'개별적'이고 '구체적'일수록 설득력이 높아진다	· 075
토포스, 철학자가 마련한 설득의 필승 공식	· 078
정의의 토포스: 먼저 정의를 주입하라	· 081
반대의 토포스: 반대되는 성질을 설득에 활용하라	· 084

상관의 토포스: 여기에 해당하면 저기에도 해당한다 · 088
기결의 토포스: 선례와 역사를 활용하라 · 091
비교의 토포스: 비교를 근거로 설득하라 · 093
분할의 토포스: 알기 쉽게 쪼개라 · 097
선악의 토포스: 자신에게 유리한 쪽을 근거로 삼아라 · 100
본심과 포장의 토포스: 상대의 모순을 비판하라 · 103
비유의 토포스: 비례식으로 정당화하라 · 106
결과의 토포스: 의도보다는 결과를 강조하라 · 108
일관성의 토포스: 현재와 어긋나는 과거를 지적하라 · 110
억측의 토포스: 근거 없는 무의식을 근거로 활용하라 · 112
있을 수 없는 일의 토포스: 엉뚱하기에 오히려 그럴듯해진다 · 114
귀납의 토포스: 공통점을 찾아 법칙을 유도하라 · 117
또 하나의 논리적인 말의 기술, 예증 · 119
설득력을 높이려면 생략삼단논법에 예증을 보태라 · 124

정리 노트 · 127

Chapter 4

듣는 사람을 장악하는 말의 심리학
: 감정을 조종해서 대화를 지배하는 법

어떻게 말해야 듣는 사람의 감정을 조종할 수 있을까? · 131
감정을 유도하려면 이것에 주의하라 · 135

분노: 청중의 마음에 고통을 강요하라 · 139
우애: 청중에게 남이 아닌 존재가 되어라 · 146
두려움: 공포에 사로잡히면 설득당하기 쉬워진다 · 153
부끄러움: 타인의 시선이 가진 무게를 활용하라 · 161
연민: 당신도 나와 같다는 감정 이입을 유도하라 · 167

정리 노트 · 171

Chapter 5
누구도 모르게 상대를 내 편으로 만드는 화법
: 나를 빼어난 현자처럼 연출하는 법

'좋은 사람'이 하는 말은 '좋은 것'처럼 들린다 · 175
덕이 있어 보이는 말은 좋은 말로 들린다 · 180
'아름다운 것'으로 덕의 증거를 마련하라 · 183
프로네시스, 일상의 철학자처럼 말하라 · 186
프로네시스를 전달하는 법 1: 좋은 쪽을 따라 설득하라 · 190
프로네시스를 전달하는 법 2: '더 좋은 것'을 제시하라 · 193
부당한 공격으로부터 나를 지키는 방법 · 198

정리 노트 · 207

Chapter 6
금지된 말의 기술
: 궤변으로부터 나를 지키는 지혜

왜 금지된 말의 기술을 배워야 하는가? · 211

금지된 말의 기술 1: 결론 같은 거짓 토포스 · 214

금지된 말의 기술 2: 다양성의 거짓 토포스 · 216

금지된 말의 기술 3: 분할과 합성의 거짓 토포스 · 220

금지된 말의 기술 4: 부대적 결과의 거짓 토포스 · 223

금지된 말의 기술 5: 조건의 거짓 토포스 · 226

정리 노트 · 229

나가는 글 설득이란 상대방을 이해하는 데에서 시작한다 · 230

Chapter 1

이천 년간 전해져 온
최고의 변론술

변론술로부터 나를 지키는 방법

인류 역사상 가장 탁월한 설득의 기술

"왜 설득의 기술을 아리스토텔레스에게 배워야 할까?"

역사를 뒤져 보면 단 한 마디로 국운을 결정했던 정치인이나 중대사를 앞에 두고 상대방을 설득해야 했던 외교관 등 수많은 '말의 전문가'들이 남긴 화술에 대한 가르침을 어렵지 않게 찾을 수 있다. 그래서 고대 그리스의 철학자로부터 소통과 말의 기술에 대해 배우자고 한다면 의아함을 느낄 수도 있다.

아리스토텔레스에서부터 말의 기본을 찾는 까닭은 **그가 남긴 《수사학》이 오래전부터 전해져 내려온 '화법'에 관한 책들 가운데 가장 탁월하며, 오늘날에도 일상의 대화부터 토론에 이르기**

까지 가장 큰 도움이 되기 때문이다. 고전에는 시공을 초월하는 통찰이 담겨 있다고 하지만, 오늘날에도 여전히 통용되는 실전적인 가르침까지 제시해 주는 경우는 매우 드물다.

물론 '큰 도움이 된다'라는 막연한 주장에 대해 쉽게 납득이 가지는 않을 것이다. 그래서 지금부터는 왜 아리스토텔레스의 변론술이 큰 도움이 되고, 사람들이 실제로 어떻게 이용했는지를 설명하고자 한다.

왜 지금까지도 아리스토텔레스의 《수사학》이 널리 읽힐까? 이 질문에 답하기 위해서는 잠시 역사를 거슬러 올라갈 필요가 있다. 오늘날에도 말의 기술에 대해 다루거나 연구한 책이 수없이 나오고 있지만, 그 무수한 책들이 이야기를 시작하며 변론술의 역사를 더듬어 올라가다 보면 공통적으로 도달하는 지점이 있다. 바로 기원전 5세기 전반, 오늘날 이탈리아 시칠리아 자치주에 속한 시라쿠사Siracusa다.

아리스토텔레스 이전의 변론술

당시 시라쿠사에는 독재 정권이 끝나고 민주주의가 막 시작되고 있던 차였다. 새로운 시절을 맞으면서 이곳에서는 독재 정권 시절 몰수되었던 사유재산 반환 소송이 잇따랐고, 소송 당사자들은 재판을 자신에게 유리한 방향으로 진행하고자 사안의 옳고 그름을 따지는 화술, 즉 변론술에 주목했다.

이러한 상황에서 당대 유명 수사학자인 코락스Corax의 제자인 티시아스Tisias가 세계 최초로 설득을 위한 기술을 소책자로 정리했다. 여기서 '변론술'이 시작되었다.

얼마 후 변론술은 고대 그리스의 아테네에서 본격적으로 꽃피기 시작했다. 아테네에서도 민주정이 확립되고, 법률을 제정하는 의회와 법률을 적용하는 법정이 만들어졌기 때문이다. 당시에는 오늘날 유권자를 대변하는 정치인이나 재판 당사자를 대리해 변론하는 변호사와 같은 '말의 전문가'가 없었다. 즉 아테네 시민들은 민회나 법정에 직접 출석해 스스로를 변호하고 타인을 설득하며 시비를 따져야만 했다.

이와 같이 당시 아테네 시민들 사이에서 논변, 설득과 같은 말의 기술에 대한 관심이 나날이 커지던 차, 프로타고라스Protagoras나 고르기아스Gorgias 같은 수사학자들이 등장한다. 이들은 아테네 시민들에게 변론술을 가르치거나 자신이 다듬은 변론의 기술을 널리 알리고자 했다. 사람들은 이러한 말의 기술을 가르치는 전문가, 즉 변론술의 교사를 가리켜 '소피스트'라고 불렀다.

플라톤이 화났다

그러나 소피스트들이 펼치는 설득의 기술이란 원활한 소통에 대한 탐구가 아니라 듣는 이의 감정에 호소하는 데에만 초점을 맞춰 민회에 참가한 청중이나 재판정의 배심원을 부추기거나 혹은 달래는 방식으로 이뤄지는 경우가 많았다. 토론의 핵심을 꿰뚫기보다는 재치에 기댄 임기응변으로 상황을 적당히 모면하거나, 그럴듯한 언변으로 듣는 이를 홀리는 얕은 말재주에만 치중한 것이다. 물론 모든 소피스트들이 그랬는지에 대해서는 지금까지도 의견이 분분하지만, 적어도 플라톤Plato이란 철학자는 그렇게 생각했다.

철학자 화이트헤드Alfred North Whitehead가 '서양철학의 역사는 플라톤 철학의 각주에 지나지 않는다'라고 말했을 정도로 플라톤은 서양철학에서 시조와도 같은 인물이다. 평생을 진리를 탐구하는 데 매진한 그에게 소피스트란 토론을 통해 분명하게 밝혀져야 할 진리를 가리고 왜곡하는 대단히 불쾌한 존재였다.

어떤 의미에서는 **우리가 말만 번지르르하고 실속이 없는 사람을 마주했을 때 느끼는 것과 같은 반감을, 플라톤도 소피스트들을 보며 느꼈다**고 할 수 있다. 플라톤은 《고르기아스》나 《파이드로스》Phaedrus와 같은 저작에서 소피스트를 비판하며 참된 수사학에 대해 설파했다. 그의 생각에 따르면 소피스트들의 비겁한 화법

따위로는 결코 진실에 도달할 수 없었다.

아리스토텔레스 또한 소피스트의 변론술에 대한 견해는 자신의 스승인 플라톤과 대체적으로 일치했다. 그러나 변론술 자체를 받아들이는 태도에서는 플라톤의 입장과 어긋났다.

'소피스트의 변론술은 가짜이니, 내가 진짜 변론술을 만들어 보겠다!'

아리스토텔레스는 이렇게 결심하고 변론술을 연구한 끝에 그 방법과 체계를 《수사학》이라는 저작의 형태로 정리했다.

1분 만에 알아보는 아리스토텔레스

여기서 '진짜 변론술'을 알려주기 위해 《수사학》을 집필한 아리스토텔레스란 인물에 대해 간단하게 짚고 넘어갈 필요가 있다. 아리스토텔레스는 기원전 384년(또는 385년)부터 기원전 322년까지 그리스에서 활동했던 철학자다. 마케도니아 군주 아민타스 3세의 담당 의사인 아버지 니코마코스와 어머니 파이스티스 사이에서 태어났으며, 17세가 되자 당시 마케도니아의 속주였던 고향 스타게이라Stageira를 떠나 아테네로 유학을 갔다. 당시 아테네는 학문의 중심지이자 플라톤이 주관하는 철학 학교 아카데미아Academia가 있는 곳이었다.

아리스토텔레스는 그곳에서 여러 학문을 연구하고 학생들을 가르치면서 20년을 지냈지만, 플라톤이 세상을 떠났을 무렵 아카데미아를 그만뒀다. 그가 왜 아카데미아를 떠났는지에 대해서는 분명하게 알려져 있지 않다. 아카데미아의 후계 문제에 휘말려서인지, 아니면 스승을 떠나보낸 다음 그곳에서는 더 이상 배울 것이 없다고 여겨서인지는 의견이 엇갈린다.

37세가 되어 학교를 떠난 아리스토텔레스는 이후 12년간 여러 곳을 돌아다녔다. 이 시기에서 주목할 만한 사건은 마케도니아 왕 필리포스 2세의 초청으로 왕자 알렉산드로스 3세의 스승이 된 일이다. 이후 필리포스 2세가 암살당하면서 알렉산드로스 3세가 즉위했고, 아리스토텔레스는 아테네에 돌아와 리케이온Lykeion이라는 철학 학교를 세웠다.

리케이온은 알렉산드로스 3세의 후원을 받아 도서관이나 동식물원 등 당시로서는 세계 최고의 설비를 갖춤으로써 아카데미아를 넘어 설 정도의 위용을 떨치게 되었다.

그러나 얼마 후 알렉산드로스 3세가 서른둘의 나이로 급서하자 아테네에는 반反마케도니아 운동이 일어난다. 그 격렬한 흐름에 휘말려 아리스토텔레스는 이전에 지었던 양아버지 헤르메이아스를 기렸던 시가 아폴론을 칭송하는 시의 양식과 겹친다는 모함을 받아 불경죄로 고발당했다. 그 일을 계기로 아리스토텔레스는 어머니의 고향이기도 한 카르키스로 쫓기듯 물러났다. 그리고 그곳에서 위병으로 세상을 떠났는데, 이때 그의 나이 62세였다.

철학자들의 철학자, 아리스토텔레스

억울한 모함을 받아 불운하게 세상을 떠났지만, 그가 스승이기도 한 플라톤과 나란히 또 하나의 큰 사상적 조류를 만든 위대한 철학자라는 평가는 예나 지금이나 변함없다. 이후의 서양철학은 플라톤과 아리스토텔레스, 이 두 철학자의 철학을 '어떻게 발전시킬 것인가' 혹은 '뛰어넘을 것인가'라는 주제를 놓고 진행되어 왔다고 해도 과언이 아니다.

그렇다면 아리스토텔레스는 구체적으로 무엇을 시도했으며, 또 무엇을 남긴 사람일까? 그의 행적과 철학을 정리하기란 그리 간단한 작업이 아니다. 아리스토텔레스는 **'모든 학문의 시조'라고 불리는 만능의 천재**였기 때문이다.

'존재란 무엇인가?'라는 궁극의 질문에 도전한 철학을 비롯해, 그가 고안한 '삼단논법'으로 대표되는 논리학, 역사상 최초의 체계적인 생물학, 창작 이론에까지 도달한 문학, 그 외에도 윤리학, 정치학, 심리학 등 그는 오늘날 대학에서 가르치는 수준의 저작물들을 집필했으며, 이들은 모두 각 분야의 기초적인 고전이 되었다.

특히 이 책에서 다루고 있는 《수사학》은 아리스토텔레스의 장대한 사상체계 가운데 하나의 요소로서 언어의 논리와 인간의 심리, 윤리와 정치 및 문학의 표현법에 대한 그의 깊은 통찰이 담겨 있다. 그렇기 때문에 **아리스토텔레스의 《수사학》은 2,400년이 지난 지금도 설득을 위한 화술, 토론법의 유일한 고전이자 최고의 텍스트라는 지위를 굳건히 지키고 있다.**

이천 년을 이어온 '말'의 고전, 《수사학》

그렇다면 아리스토텔레스의 《수사학》은 어떻게 세월에 퇴색되지 않고 '고전'이라는 권위를 유지할 수 있었을까? 구체적으로 무엇이 그토록 대단할까? 어떤 이유에서 이천 년 전 그리스로부터 멀리 떨어진 현재 우리 일상에까지 도움이 된다고 단언할 수 있을까? 이러한 의문에 대해서는 아리스토텔레스가 어떤 지침에 따라 변론술을 다뤘는지를 보면 알 수 있을 것이다.

사람은 논리로만 움직이지 않는다

아리스토텔레스는 당시 소피스트들의 변론술에 대해 다음과 같이 기록했다. 조금 길지만 중요한 부분이기 때문에 인용한다.

> '변론의 기술'에 대해 집필하고 있는 사람들은 사실상 변론술의 일부를 이룰 만한 무엇 하나도 제대로 정립하지 못했다고 봐도 과언이 아니다. 그들의 글 가운데 기술에 속하는 것은 설득법뿐이고 그 밖의 것들은 모두 부차적인 것에 지나지 않는데, 그 설득의 기술이라는 것조차 알맹이라 할 수 있는 삼단논법에 대해서는 전혀 논하지 않고 핵심과 동떨어진 것들에 노력을 기울이고 있기 때문이다. 비방 및 중상이나 연민, 분노를 비롯한 감정은 변론의 기술이 다루는 문제와는 아무런 상관이 없고, 그저 해당 사안을 다루는 재판관의 기분을 겨냥한 것에 지나지 않는다.
>
> 《수사학》 제1권 제1장

즉 아리스토텔레스가 보기에 당시 유행한 감정론으로 청중을 설득하는 변론술은 '변론술'이라는 이름값을 제대로 하지 못했다. 그가 생각하는 진짜 변론술의 핵심은 논리적인 설득이며, 감정론은 어디까지나 부차적인 것에 지나지 않는다.

아리스토텔레스의 변론술이 대단하다고 꼽히는 이유는 바로 여기서부터 시작된다. 그는 **감정론을 '부속물'이라고 단정했지만, 그렇다고 해서 논리를 자신의 변론술에서 완전히 배제하지는 않았다.** 오히려 논리를 기본으로 하면서도 보다 '**이성적인 변론술**'이라고 부를 수 있을 만한 것을 생각해냈다. 그것은 '논리적인 변론술'과는 차이가 있었다.

사람들은 흔히 '논리적'이란 말과 '이성적'이란 말을 혼동해서 사용하지만, 사실 이 둘은 서로 다른 개념이다. '논리적인 것'은 '이성적인 것'의 일부에 지나지 않는다. 실제 생활에서 이성적이기 위해서는 논리를 기본 줄기로 보되, 인간의 감성적인 면 역시 제대로 다룰 수 있어야 한다.

변론술에서 감정론이란 탐탁지 않은 영역이다. 그러나 **실제 토론에서 감정에 호소하는 기술이 통하는 경우가 많은 것 또한 분명한 사실이다.** 이러한 현실은 고대 그리스나 지금이나 크게 다르지 않다. 그렇다면 현실을 부정할 것이 아니라 오히려 직시해야 한다. 마주한 상대방이 논리로만 설득되는 성향이기를 기대하기보다는 **사람의 감정을 분석해서 이용하고, 그 후에 어떻게 논리적으로 설득할지를 고민해야 한다.** 이것이 아리스토텔레스가 이야기하는 '이성적 변론술'이다.

아리스토텔레스가 《수사학》 전 3권 가운데 제2권의 대부분이라고 할 수 있는 분량을 '청중의 마음을 움직이는 방법'에 할애한 까닭은 바로 이러한 현실 인식에서 비롯된 것이다. 아리스토텔레스의 변론술이 지금도 유용한 까닭은 이처럼 논리뿐만 아니라 현실적인 부분도 충분히 반영했다는 데 있다.

이미 2,400여 년 전에 만들어진 책에 이 정도로 훌륭한 내용이 담겨 있는데, 오늘날 우리가 고전이라고 받들기만 할 뿐 이러한 진가를 알아보지도 못한 채 누군가를 설득한답시고 헤매기만 하거나, 소통에 실패해서 좌절하는 것은 참으로 안타까운 일이다.

아리스토텔레스 변론술을 배워야 하는 네 가지 이유

그렇다면 아리스토텔레스의 변론술을 제대로 배우고 나면 구체적으로 실생활에서 어떻게 도움이 된다는 것일까? 아리스토텔레스는 변론술을 배워서 얻을 수 있는 이점에 대해 네 가지를 꼽았다.

첫째, 올바른 결론에 도달할 수 있다

타당한 주장을 하고 있음에도 불구하고 그저 말하는 방식이 서툴러 설득하는 데 실패했다거나 혹은 더 좋은 의견을 제시했음에도 상대방이 개진하는 허술한 의견에 막히는 사례를 현실에서 어렵지 않게 찾을 수 있다. 이래서는 토론 자체가 아무 의미가 없으며 어떠한 문제도 해결할 수 없다.

회사에서 벌어지는 회의, 가족과의 대화, 정치 토론이나 인터넷 커뮤니티에서 불거지는 의견 대립에 이르기까지 어떠한 문제를 해결하기 위해 다 같이 머리를 맞댈 때 가장 중요한 점은 올바른 의견을 선정하는 것이다. 이를 위해서는 토론에 참가한 사람들이 토론에서 오가는 수많은 말들 가운데에서 바른 화법과 정당하지 못한 화법을 간파할 수 있어야 한다. 그런 의미에서 아리스토텔레스의 변론술은 토론 자체에 도움이 되는 지식이라고 할 수 있다.

둘째, 상대방의 기준에 맞춰 설득할 수 있다

다음 장에서 다룰 이야기이기도 한데, 변론술이란 '청중의 상식을 바탕으로 삼아 전문 지식을 사용하지 않고서도 상대를 설득할 수 있는 기술'이다.

실제 토론이나 프레젠테이션에서는 다루는 주제에 대한 전문 지식을 갖고 있지 않은 상대를 설득해야 하는 상황과 자주 접한다. 이런 경우 아리스토텔레스의 변론술은 효과적인 무기가 된다.

셋째, 나와 반대되는 의견도 이해할 수 있다

토론을 비롯한 모든 소통에서는 자신과 반대되는 입장의 의견에 대해서도 충분히 이해할 수 있어야 한다. 상대방의 생각은 곧 내가 제기하는 반론의 전제가 될 수 있기 때문이다. 다른 사람의 주장 따윈 애써 귀 기울일 필요가 없다고 생각하고 토론에 임하는 것은 플라톤이 비판했던 소피스트적인 말하기 방식과 다를 바 없다. 진짜가 아닌 가짜가 되는 것이다.

나아가 토론에서 어느 쪽의 의견이 합당한지를 판정할 수 있어야 한다거나 또는 토론 당사자들뿐만 아니라 토론을 지켜보는 청중 또한 쌍방의 의견을 충분히 이해할 수 있어야 한다는 점에 대해서는 굳이 설명할 필요도 없을 것이다. 토론이나 주장의 구조를 명확하게 풀어낸 아리스토텔레스의 변론술은 상반된 주장을 듣고 옳고 그름을 판단해야 할 때, 쌍방의 의견을 동시에 이해하는 데 도움이 된다.

넷째, 악질적인 말의 기술로부터 나를 지켜낼 수 있다

아리스토텔레스의 변론술은 폐해가 있는 부정한 논의로부터 자신을 지키는 데에도 매우 유용하다. 설득의 논리와 감정론을 아울러 다루기 때문에 상대의 주장이 정당한 논리에 기초하고 있는지, 단순한 감정론에 지나지 않는지에 대해 적절한 판단을 내리고 상대방 주장에서 어긋난 부분을 빠르게 지적할 수 있게 만들어 준다. 즉 겉만 번지르르하고 알맹이가 없는 주장이나, 감언이설에 속는 일을 방지하는 데 큰 도움이 된다.

모든 상황에서 사람을 설득할 수 있는 힘을 얻는다

이처럼 아리스토텔레스가 꼽은 네 가지 외에도 그의 변론술을 배우면 다음과 같은 장점을 얻을 수 있다.

- 이성적으로 생각하는 습관이 생긴다.
- 문제의 본질을 간파하는 힘이 생긴다.
- 정확한 소통 방법을 익힐 수 있다.
- 다른 사람에게 나의 주장을 관철시킬 수 있다.
- 말로 사람을 움직일 수 있게 된다.

이와 같은 모든 장점들을 한마디로 정리하자면 다음과 같다.
"비즈니스에서 일상에 이르기까지 모든 상황에서 사람을 설득하는 힘을 얻을 수 있다!"

이번 장에서는 변론술의 기원부터 아리스토텔레스의 삶과 그의 변론술에 대해 간략하게 정리해 봤다. 이제부터는 슬슬 구체적인 내용으로 들어가, 아리스토텔레스 변론술의 특징과 더불어 그의 변론술이 어떤 구조로 성립되어 있는지에 대해 살펴보고자 한다.

정리 노트

- 아리스토텔레스의 《수사학》은 알맹이가 없는 소피스트들의 변론술에 대한 안티테제로 쓰인 책이다.
- 아리스토텔레스의 《수사학》에는 '모든 학문의 시조'라 불리는 그의 지식과 통찰이 담겨 있다.
- 논리뿐만 아니라 사람의 감정까지 아우른 아리스토텔레스의 변론술은 지금도 여전히 최고의 화법으로 인정받고 있다.
- 아리스토텔레스의 변론술을 배우면 비즈니스부터 일상에 이르기까지 모든 중요한 순간마다 상대를 설득하는 힘을 얻을 수 있다.

Chapter 2

언제 어디에서나 통하는 설득의 기술

철학자처럼 평범한 말로 사람을 움직이는 법

철학자는 누구나 알 수 있는 평범한 말로 설득한다

아리스토텔레스가 정의한 변론술이란 무엇이었을까? 그가 한마디로 정리한 내용은 다음과 같다.

> 변론술이란 어떤 문제든지 그 각각에 대해 가능한 설득 방법을 발견해내는 능력이다.
>
> 《수사학》 제1권 제2장

무슨 말인지 선뜻 이해되지 않을 수도 있다. 쉽게 풀어보자면 **'특별한 지식이나 전문용어를 사용하지 않고 상대를 설득할 수**

있는 방법'이란 의미다. 아리스토텔레스의 변론술에서는 특정한 사람들만 아는 내용이나 전문 지식은 사용하지 않는다. 대신 누구나가 알고 있는 상식만을 전제로 토론을 진행한다. 그렇기 때문에 '어떤 문제에라도' 적용할 수 있다는 것이 특징이다.

물론 토론에 임하는 모든 사람들이 모든 주제에 대한 전문 지식을 갖고 있고, 그에 기초한 모든 사항에 대해 의견을 교환할 수 있다면 그보다 최선은 없을 것이다. 그러나 이러한 가정은 애당초 비현실적인 바람일 뿐이다.

전문가와 비전문가의 지식에 큰 격차가 있는 정치, 경제, 자연과학과 같은 분야를 굳이 꼽지 않더라도 취미에 관한 잡담에서조차 그러하다. 축구 팬들에게는 아이스하키에 대한 지식이 상대적으로 부족한 경우가 많고, 아이돌 가수 팬들에게는 프로레슬링에 대한 관심이 상대적으로 적은 것처럼 말이다.

그렇기 때문에 현실에서 상품개발부 사원이 이번에 개발한 신상품이 얼마나 대단한지 아무리 열성적으로 설명해도 영업부 사람에게 별다른 호응을 끌어내지 못한다거나, 프로레슬링 팬인 아버지에게 아이돌 가수 팬인 아들이 콘서트 티켓을 구입할 용돈을 받기 위해 아이돌 가수가 가진 매력에 대해 아무리 설명해도 설득할 수 없는 것 같은 경우들이 생기는 것이다.

이런 상황에 필요한 능력이 누구든지 아는 언어로 상대를 설득하는 기술, 즉 변론술이다. 이처럼 '변론'이라는 딱딱한 이름을 가지고 있지만 변론술은 직장에서의 발표부터 가족 및 지인과의 커뮤니케이션에 이르기까지 일상의 모든 상황에 필요한 기술이라고 할 수 있다.

상식에서 납득이 생기고, 납득이 쌓이면 설득이 된다

앞서 변론술이란 전문 지식을 사용하지 않고 상대를 설득하는 기술이라고 정리했다. 그렇다면 전문 지식 대신에 무엇을 사용해 설득한다는 것일까? 아리스토텔레스는 이러한 질문에 대해 '납득'이라고 답했다. 즉 **상대방의 납득이 쌓이면서 결국에는 이쪽의 주장에 설득된다는 것**이다. 그리고 그 '납득'을 만들어내는 모든 출발점이 되는 것이 '상식'이라고 아리스토텔레스는 설명한다. 변론술의 기본 규칙은 간단하다.

"상식을 출발점으로 삼아 납득을 거듭함으로써 설득한다!"

상식이란 모두가 당연하다고 미리 납득한 정보다

그렇다면 '상식'이란 무엇일까? 아리스토텔레스처럼 말하자면 상식이란 '사전에 미리 납득을 끝낸 사항'을 의미한다. 그리스어로 '엔

독사'endoxa라고 하는데, 아리스토텔레스의 저서에서는 '통념', '견해' 등의 의미로 쓰이고 있다. 요컨대 **상식이란 모두가 혹은 대다수의 시민이 '그것은 당연한 사실이다'라고 이미 이해하고 있음을 합의한 사항**을 일컫는다.

이러한 '상식'을 출발점으로 삼아 설득을 시도하기 때문에 어떤 주제를 다루든 설득에서 가장 중요한 지점은 **상대와 상식을 공유하는 것이다**. 이것이 합의되지 않는다면 설득까지 도달할 수 없다.

예를 들어 '프라이드치킨은 고칼로리 음식이다'라는 상식이 널리 받아들여진 상황에서 다이어트를 시도하는 여성이 있다고 가정해보자. 만약 당신이 여러 근거를 제시하며 "이 닭튀김은 칼로리가 낮으니까 얼마든지 먹어도 다이어트를 하는 데 지장을 주지 않아요"라고 권한다고 해도 프라이드치킨을 먹도록 여성을 설득하기란 쉽지 않을 것이다. 당신이 출발점으로 삼은 '이 프라이드치킨은 칼로리가 낮다'가 상대방의 상식에는 존재하지 않기 때문이다.

그것이 어딘가에서 새로 개발된 '진짜 저칼로리 프라이드치킨'이라고 해도 마찬가지다. 상대방의 상식이 '프라이드치킨은 고칼로리 음식이다'인 이상, 상대방을 설득하기 위해서는 우선 그 상식을 전제로 삼고서 이야기를 시작해야 한다.

다시 말해 "이 프라이드치킨은 특별한 제법으로 만들어져 있기 때문에 예외적으로 칼로리가 낮거든요"와 같이 먼저 이 닭튀김이 기존의 '상식'과는 다르게 칼로리가 낮은 특별한 이유에 대해 설명하면서 '이 프라이드치킨만큼은 저칼로리'라는 결론까지 상대방을 유도하는 과정이 필요하다.

여기까지 도달했다면 그 다음으로는 '이 프라이드치킨은 다른 닭튀김과는 다르게 칼로리가 낮다'라는 상대의 납득이 끝난 상태, 즉 새롭게 설정된 상식을 바탕에 두고 "그렇기 때문에 얼마든지 먹어도 살이 찌지 않습니다"라고 설득을 시도해야 한다.

대단한 노하우가 담겼다기보다는 흔하게 접할 수 있는 설득의 과정처럼 보일지도 모르겠다. 그러나 자신에게는 상식인 정보에 기초한 주장을 일방적으로 상대방에게 밀어붙이며 설득을 시도했다가 결국 실패하는 일 또한 일상에서 흔하게 접할 수 있다.

따라서 설득을 시도할 때에는 **'내가 가진 상식을 상대방도 상식이라고 생각하고 있는가?', '내가 가진 전제에 상대방 또한 납득하고 있는가?'** 라는 점을 항상 확인해야 한다.

덧붙여서 아리스토텔레스는 '상식'에 대해 다음과 같이 정의하고 있다.

모든 사람에게 혹은 대다수에게 그렇다고 생각되는 것,

혹은 현자들이 그렇다고 생각하는 것이다. 이때 후자의 경우는 모든 현자가 혹은 대다수의 현자나 가장 저명하고 평판이 좋은 현자들이 그렇게 생각하는 경우가 그러하다.

《토피카》제1권 제1장

요컨대 아리스토텔레스의 설명에 따르면 상식이란 '모두가 그렇게 생각하고 있으니까' 혹은 '누구나 믿을 만하다고 인정하는 사람이 그렇게 생각하고 있으니까'라는 이유로 성립된 것이다.

아리스토텔레스가 내린 상식의 정의에서 특히 눈여겨 봐야 할 지점은, 상식의 조건에는 '올바른 것'이 포함되어 있지 않다는 것이다. 즉 **상식의 본질은 모두에게 올바르다고 합의된 사실**로서, 그 내용이 실제로 바른지 또는 어긋났는지는 상관없다는 것이다.

인간은 옳은 말을 듣는다고 설득되지 않는다

어떻게 하면 다른 이를 설득할 수 있을까? 뒤집어 말하자면 사람은 어떤 상황에서, 무엇에 설득될까? '설득'의 원리와 구조에 대해 조금 더 파헤쳐 보자. 아리스토텔레스는 설득이 다음과 같은 '세 가지 요소'에 의해 성립된다고 설명하고 있다.

말을 통해 신뢰를 높이는 설득의 방법에는 세 가지 종류가 있다. 하나는 화자의 인성에 의존한 설득이다. 또 하나는 청자의 기분이 어떤 상태에 놓여 있느냐에 따른 설득이다. 마지막 한 가지는 무엇인가를 증명하거나 혹은 증명하고 있는 것처럼 보이는 말 자체를 통한 설득이다.

《수사학》 제1권 제2장

즉 변론술에 의한 설득은 다음 세 가지로 성립된다.

1. 말하는 사람의 인성
2. 듣는 사람의 기분
3. 말에 담긴 내용의 올바름

세 번째인 '내용의 올바름'에 대해서는 이론의 여지가 없을 것이다. 애초에 이야기의 내용이 이상하다면 상대방을 설득하기란 불가능하기 때문이다. 하지만 이와 함께 '인성'이나 '기분'이 설득의 중요 요소에 포함되어 있다는 것은 의외라고 느껴질 수도 있다. 하지만 우리는 일상에서 이런 대화를 들어본 적이 있을 것이다.

1. "왠지 그 사람이 말하면 그럴듯하게 들리면서 믿음이 간다 니까."
2. "오늘은 부장님 기분이 좋아서 그런지 단번에 결재를 받았 습니다."
3. "그가 제시한 데이터와 의견에는 반박의 여지가 없다."

첫 번째 예시는 **말하는 사람의 인성에 의한 설득**이다.
"평소에도 묵묵히 일만 하던 자네가 그렇게까지 나서서 반대하 니, 이번 사업에 대해서는 다시 생각해 보겠네"나 "저쪽 담당자가 자네 일처리를 마음에 들어 하는 것 같으니 분명 이번 미팅은 잘 될 거야"와 같이 말하는 사람이 듣는 사람에게 보여준 태도나 성품 등 이 설득하는 데 긍정적으로 작용하는 경우가 인성에 의한 설득의 한 예시라고 할 수 있다.

두 번째는 초점을 바꿔 **듣는 사람의 기분에 의한 설득**이다.
"지금 부장님 기분이 안 좋아 보이니까 이 기획안은 나중에 보고 하자." 사무실에서 한번쯤 들어 봤을 법한 말인데, 여기에는 듣 는 사람의 현재 심리 상태가 설득의 성공 여부에 큰 영향을 준다는 생각이 깔려 있다.

세 번째는 **내용의 올바름에 의한 설득**이다. 흔히 이야기하는 '반론의 여지가 없는 의견'이나 '어떻게 생각해도 그것이 옳은 의견'과 같은 상황이 바로 여기에 해당한다.

이처럼 우리의 일상 속 소통 상황들을 돌아보면 현대 사회 역시 2,400년 전 아리스토텔레스가 살았던 아테네와 크게 다르지 않다는 것을 알 수 있다.

이와 같은 설명만 듣고서 모든 설득을 이 세 가지 유형으로만 나눌 수는 없다고 의문을 품을 수도 있다. 물론 앞서 소개한 사례들은 설득의 핵심을 설명하기 위해 단순화시킨 것일 뿐이다. 실제 **설득 과정에는 반드시 이 세 가지 요소가 복잡하게 섞여 있다.** 세 가지 가운데 어떤 요소가 두드러지는 경우는 있어도, 이 중에서 단 하나의 요소만으로 상대를 설득하는 상황은 현실에서 찾기 힘들다. 예를 들어 듣는 사람의 상태가 누군가의 설득을 들어줄 정도로 여유롭지 않고, 설득에 담긴 내용이 허술함에도 말하는 사람의 성품이 뛰어나다고 해서 설득이 성공하지는 않는다. 그렇기 때문에 실제 토론에서는 '일하는 사람의 인성', '듣는 사람의 기분', '내용의 올바름'이라는 삼박자를 두루 갖춰야 한다.

누군가를 설득하다 보면 종종 '아무리 생각해도 내가 제시하는 의견이 합당한데 벽에 부딪힌 것처럼 튕겨 나가는 것 같다'라고 불평하는 경우가 있다. 아리스토텔레스의 말을 빌리자면 **'이야기하는 내용만 옳다면 상대를 설득할 수 있다, 나아가 상대는 반드시 설득당해야만 한다'라는 생각 자체가 착각이다.**

토론 결과는 말하는 이가 아니라 듣는 이가 결정한다

토론에서나 설득을 할 때에는 반드시 '청중'을 염두에 두어야 한다. 여기서 청중이란 간단히 말해서 토론의 상대방은 물론 그 토론을 곁에서 듣고 있는 사람들까지 가리킨다. 토론을 함께하는 상대방을 의식하는 것이야 당연하겠지만, 주위의 '청중'은 왜 중요할까? 바로 **토론의 승패는 토론의 당사자가 아니라 청중의 반응에 의해 결정되는 경우가 많기 때문이다.**

앞에서도 이야기한 것처럼 변론술에서 가장 중요한 핵심은 자신의 주장을 상대방을 포함한 듣는 사람들에게 납득시킬 수 있는지에 달려 있다. 특정한 누군가를 설득해야 하거나 누군가를 앞에 두고 발표를 하는 경우라면 자신이 목표로 삼은 상대만 납득시키면 목적한 바를 이룰 수 있다.

그러나 직장 내 회의나 인터넷 커뮤니티에서 벌어지는 토론에서는 어떨까? 토론의 승패는 어느 쪽이 제시하는 의견이 더 타당한가

보다는 어느 쪽의 주장이 주위의 지지를 더 많이 받는가에 따라 결정되기 쉽다. 이런 경우 '논리적으로는 분명 이쪽이 타당한데'라며 아쉬워하는 마음이 생긴다.

하지만 이러한 반응은 토론을 안일하게 생각한 사람의 변명일 뿐이다. 정의감이 강한 사람들은 주장에 담긴 올바름이야말로 토론의 승패를 판가름하는 가장 중요한 요소라고 생각하기 쉽지만, 이런 태도로 토론에 임하면 이상과는 다르게 흘러가는 현실에 부딪혀 답답함과 억울함만 느끼게 될 뿐이다.

말을 할 때 무엇보다 염두에 두어야 할 점은 청중 또한 살아 있는 인간이라는 사실이다. 토론은 논리의 정합성을 따져 우열을 가리는 시합이 아니다. 소통에서 서로의 감정을 무시할 수 없듯이 **토론에서도 '말하는 사람의 인성'과 '듣는 사람의 기분'과 같은 정서적인 면을 무시하고 누군가에게 자신의 의견을 납득시키기란 불가능하다.** '청중'을 의식한다는 점에서도 앞에서 이야기한 세 가지 요소는 매우 중요한 사항이다.

설득이란 논리로 마음을 움직이는 것이다

고대 그리스에서 토론의 성공 여부는 청중에게 설득이 통하느냐, 통하지 않느냐에 달려 있었다. 이것이 바로 2,400년 전부터 이어온 토론의 본질로, 오늘날 토론의 형태 역시 여기서 크게 벗어나지 않는다. 그래서 아리스토텔레스는 청중을 중시했으며, 변론술을 청중의 유형에 따라 세 가지로 구분해 설명하기도 했다. 바로 의원을 상대로 하는 '의회 변론', 재판관을 상대로 하는 '법정 변론', 구경꾼을 상대로 하는 '연출 변론'이다.

이러한 구분은 아리스토텔레스의 변론술을 오늘날의 감각에 맞게 되살리자는 이 책의 취지와는 조금 어긋나기도 하거니와, 독자 대부분이 국회의원이나 변호사는 아닐 것이기 때문에 여기에서는 더 살펴보지 않을 것이다. 다만 아리스토텔레스가 '**변론의 성패는 청중에게 달렸으므로, 변론 방법도 그에 따라 달라져야 한다**'고 생각할 정도로 설득에서 듣는 사람을 중시했다는 점만은 알아 두기를 바란다.

참고로 아리스토텔레스는 의회 변론을 '앞으로 정책을 어떻게 마련하거나 보완하면 좋을까?'와 같은 미래에 관한 변론으로, 법정 변론을 '어떤 사람의 행동이나 선택이 결과적으로 올바른 것이었는가?'와 같은 과거에 관한 변론으로, 연출 변론을 '어떤 사람이 훌륭한가'와 같은 현재에 관한 변론으로 설명했다.

설득하는 자신이 훌륭한 사람이라고 납득시켜라

설득의 삼요소 가운데 첫 번째인 '말하는 사람의 인성'에 대해 아리스토텔레스는 이렇게 설명한다.

> 우리는 매사에 공정하고 인성이 뛰어난 사람을 더 빨리 믿고, 또 그에게 더 굳건한 신뢰를 보낸다. 특히 어느 쪽이 옳은지 분명하게 구분할 수 없어 의견이 갈리는 상황에서는 더욱 그러하다.
>
> 《수사학》 제1권 제2장

누가 한 말이라고 해도 바른 것은 바른 것이다. 하지만 이렇게 당연한 사실이 현실에서는 달라질 수도 있다. 예를 들어 어떤 사람이 다음과 같은 말을 했다.

"지각이란 그저 회사에 늦게 도착한 게 아니야. 회사와 나는 약속을 어긴 것이라고."

누구나 할 수 있는 당연한 말 같지만 그 말을 꺼낸 사람이 평소 지각을 자주 해왔다면 설득력을 잃는다. 설득에서 말하는 사람이 어떤 삶을 살았는지, 다시 말해 '말하는 사람이 어떤 성품'을 가졌는지가 그만큼 중요하다.

미국의 16대 대통령인 에이브러햄 링컨도 스스로가 그럴듯하게 보이도록 수염을 길렀다고 하고, 오늘날 대통령 선거에서도 후보자들은 유권자들에게 잘 보이기 위해 넥타이 색상과 같은 사소한 부분까지 세심하게 신경을 쓴다. 즉 자신이 듣는 사람에게 어떤 사람으로 보이는지는 예나 지금이나 설득에서 무시할 수 없는 중요한 요소다.

왜 토론에서는 인신공격이 끊이지 않을까?

토론에서는 종종 '인신공격'이라는 상황이 벌어진다. 이것 역시 설득에서 말하는 사람의 인성이 얼마나 중요한 비중을 차지하는지를 역설적으로 보여주는 사례라고 할 수 있다.

인신공격을 한마디로 정리하자면 '저 녀석은 인성이 나쁘다'라고 지목한 상대방을 깎아내리는 것이다. 여기에는 '그러니까 저렇게 인성이 나쁜 사람이 제시하는 의견 또한 옳을 리가 없다'라는 메시지가 담겨 있다.

만약 토론이 순수하게 '논리'와 '말하는 내용의 올바름'만으로 판가름 난다면 애초에 이런 공격은 무의미하며 문제가 되지도 않을 것이다. 그럼에도 불구하고 토론에서 내용을 뒷전으로 미룬 인신공격이 자주 벌어지는 까닭은 **청중이 '왠지 모르게 저 사람이 싫으니까 그의 주장에도 동의하고 싶지 않다'**라고 토론의 내용과는 상관없이 말하는 사람에 대한 인상만으로 토론을 판단해버리는 일이 자주 벌어지기 때문이다.

그렇다면 청중으로부터 인성이 좋은 사람처럼 보이기 위해서는 어떻게 해야 할까? 평소 일상의 사소한 행동 하나하나부터 신경을 써 가며 세심하게 이미지를 관리해야 할까? 버거운 일을 떠맡아 힘들어 하는 직장 동료에게 주저 없이 도움의 손길을 내민다거나, 여행을 갔다 오면 반드시 여행지에서 마련한 선물을 사무실에 돌린다거나, 출근할 때마다 아침 인사를 명랑하게 건네는 것과 같은 이른바 처신이 중요할까?

물론 그런 것들도 중요할 수 있지만 변론술에서 다룰 사항은 아니다. 아리스토텔레스가 이야기하고자 하는 바는 어디까지나 설득 과정에서 청중에게 자신이 포장한 인성을 어떻게 효과적으로 전달할지에 맞춰져 있기 때문이다.

그렇다면 아리스토텔레스가 말하는 '인성을 그럴듯하게 보여줄 수 있는 화법'이란 무엇일까? 바로 '호의', '덕', '프로네시스'라는 세 가지 덕목이 핵심이 되는데, 이에 대해서는 제5장에서 자세히 설명하겠다.

듣는 사람의 감정을 설득의 기준으로 삼아라

아리스토텔레스는 설득을 시도하는 상황에서 '듣는 사람의 기분'에 대해 다음과 같이 설명했다.

> 괴로운 상황인지 기쁜 상황인지에 따라 혹은 화자에게 호의를 가지고 있는지 아니면 미움을 가지고 있는지에 따라 설득을 듣는 사람의 판단은 달라질 수 있다.
>
> 《수사학》 제1권 제2장

텔레마케팅 분야에서 손꼽히는 영업자 한 분을 인터뷰한 적이 있다. 그때 그에게 들었던 노하우 가운데 하나는 '휴일이 끝난 다음 날, 상대방의 컨디션이 가장 좋은 월요일 아침에 전화를 거는 것'이었다. 말하자면 같은 내용의 홍보일지라도 그것을 받아들이는 상대방의 기분이 긍정적일 때와 피로에 찌들어 우울할 때의 반응이 전혀 달랐다고 한다. 당시 인터뷰를 진행하면서 문득 앞서 언급한 아리스토텔레스의 말이 떠올랐다.

그런데 아리스토텔레스가 이야기하는 '듣는 사람의 기분'과 상대방의 기분을 살피는 텔레마케팅의 노하우 사이에는 한 가지 다른 점이 있다. 아리스토텔레스는 변론술에 의한 설득을 조금 더 '적극적'인 것이라고 생각했다. 그가 설명하는 변론술에 의한 설득이란, 앞에서 사례로 든 '월요일 아침, 기분 좋은 사람'처럼 설득하기 쉬운 기분을 가진 특정한 사람들을 가려서 설득하는 것이 아니라, 변론술을 통해 **듣는 사람의 감정을 말하는 사람에게 유리하도록 유도하는 것**이다. 아리스토텔레스는 **청중의 감정을 적극적으로 조종해서 자신의 편으로 만드는 방법**에 대해 연구하며 감정에 대해 철저하게 분석했다.

설득하고 싶다면 감정을 부정하지 말고 이용하라

아리스토텔레스는 '노여움', '온화함', '증오', '분노'와 같은 감정에 대해 다음과 같은 것들을 분석했다.

1. 각각의 '정의'
2. 그 감정을 갖고 있을 당시 '마음의 상태'
3. 그 감정을 일으킨 '원인'
4. 그 감정이 향하는 '상대'

아리스토텔레스는 이러한 분석에 따라 청중의 감정을 자신이 의도한 방향으로 유도함으로써 설득을 유리하게 만드는 변론술을 제시하는데, 그 구체적인 감정 유도 방법에 대해서는 제4장에서 자세하게 설명하겠다.

이와 같은 토론 상황에서의 감정 유도는 종종 '감정론'이나 '부추김'으로 받아들여지면서 사람들에게 좋지 않은 인상을 주기도 한다. 하지만 부정적인 인식에도 불구하고 실제 토론에서 감정 유도가 자주 쓰인다는 것은 '인신공격'만큼이나 감정 유도 또한 설득을 성공시키는 데 있어 큰 역할을 하고 있다는 사실을 의미한다.

그러므로 '감정론'이나 '부추김'을 활용할지 말지를 따지는 것은 개인이 선택할 문제지만, 실제 토론이나 설득 과정에서 자신에게 유리한 방향으로 대화의 흐름을 유도하기 위해서는 듣는 사람의 감정을 세심하게 배려하는 것이 무엇보다 중요하다는 점을 잊지 말아야 한다.

타인을 설득하고 싶다면 먼저 타인을 인정하라

지금까지 설득의 삼대 요소 가운데 '이야기하는 사람의 인성'과 '듣는 사람의 기분'에 대해 소개했다. 사실 이 두 가지는 변론술에서 비논리적인 요소라고 할 수 있다. 그런데 지금부터 다룰 '내용의 올바름'은 변론술의 삼대 요소 가운데 유일하게 논리적인 부분이다.

제1장에서도 설명했지만 앞서 소개한 두 가지는 부차적인 '보조'이며 마지막으로 다룰 '내용의 올바름'이야말로 변론술의 **본질**, 즉 **핵심이 되는 부분**이다.

아리스토텔레스는 '올바른 내용에 의한 설득'에 대해 다음과 같이 설명했다.

> 화자가 각각의 문제를 설득하는 데 있어서, 해당 사안과 관련해 진리 혹은 진리처럼 보이는 것을 증명하는 경우를 가리킨다.
>
> 《수사학》 제1권 제2장

즉 **논리 자체에 의한 설득**이란 것으로, 흔히 말하는 '논리적'인 요소에 의한 설명이라고 할 수 있을 것이다. 하지만 실제 토론에서 '논리적 화법이란 무엇인가'라는 개념에 대해서는 종종 오해가 생기기도 한다. 이번 장의 앞에서 설명했듯 변론술에서 중요한 것은 상대가 납득하고 있는 사항, 다시 말해 '상식'을 이용해서 논의를 전개하는 것이다. 따라서 아무도 납득하지 않는 '진실'을 근거로 아무리 논리적인 이야기를 해봤자 의미 없는 일일 뿐이다. 상대는 의견의 근거, 즉 전제 자체에 납득하지 않기 때문이다.

다소 거칠게 말하자면 토론에서는 '**진실**'이 '**모두에게 그렇게 생각되는 상식**'에 비해 그다지 중요하지 않다. 변론술에서 이야기하는 '논리적인 화법'이란 말하는 사람이 아니라 듣는 상대방의 상식을 출발점으로 삼아, 그 시작 지점에서부터 상대방이 납득할 수 있는 이야기로 무리 없이 전개를 이어 나가 자신이 의도한 결론에 이르도록 유도하는 것이다.

나만이 옳다는 생각을 버릴 때 논리가 시작된다

또한 '진실이나 정답은 하나가 아니다'라는 태도를 가지는 것도 중요하다. 현실에서는 상반된 의견이 충돌했을 때 옳고 그름이 분명하게 나뉘지 않고 두 의견이 양립하는 경우도 흔하게 발생하기 때문이다.

그렇기 때문에 실제 토론에서 공식에 맞춰 수학 문제를 푸는 것처럼 확실한 논리가 통용된다는 생각은 착각일 뿐이다. 현실에서는 '삼각형의 내각의 합이 180도라는 것이 논리적으로 증명되었기 때문에 160도라고 생각하는 것은 틀렸다'와 같이 명확한 논리로만 토론이 진행되지는 않는다는 말이다.

예를 들어 정치나 경제 분야에 관한 논쟁, 회사 내에서 진행되는 기획 회의나 하다못해 점심 메뉴를 결정하는 상황 등을 돌아보면 '정답은 하나가 아니다'라는 말이 쉽게 이해가 될 것이다. 상대방의 의견이 아주 엉터리가 아닌 이상 각자의 의견에는 그 나름의 논리가 있기 때문이다.

아리스토텔레스는 토론에 임하는 기본적인 자세에 대해 다음과 같이 설명한다.

> 변론술에서는 변증술의 추론이 그러하듯 자신의 주장과 상반된 입장에 대해서도 사람들을 설득할 수 있어야 한다.
> 《수사학》 제1장 제1권

즉 변론술에서는 우선 **반대 의견이 존재한다는 것을 인정하고, 반대 의견이 가진 논리도 이해할 수 있어야 한다.** 그 목적은 아리스토텔레스가 말했듯 어떤 사물이나 현상의 진면목을 다면적으로 살펴보고, 나아가 반대 의견이 바르게 성립하고 있는지를 확인하려는 데 있다. 그 과정을 거치고 나서야 자신의 의견이 반대 의견보다 '더 바르다'고 설득할 수 있다. 이것이 실제 토론에서 요구되는 '논리적인 화법'의 기본자세라고 할 수 있다.

주변을 둘러보면 상대방의 의견이나 주장에 담긴 논리는 제대로 이해하려고 하지도 않고 '어찌됐든 반대한다!'라고 하거나 '절대로 인정할 수 없다!'라고 심술을 부리는 사람들을 어렵지 않게 찾을 수 있다. 이런 태도는 아리스토텔레스의 말을 빌리자면 '논외로 치게 되는' 미련한 고집일 뿐이다.

그렇다면 논리적인 화법에는 구체적으로 어떤 것이 있을까? 어떤 화법이 '올바르다'고 청중에게 받아들여질까? 다음 장에서는 이러한 질문에 답하고자 한다.

정리 노트

- 변론술이란 특별한 지식이나 전문용어가 아닌 '평범한 말'로 '상대방의 납득'을 쌓아나가는 기술이다.
- 설득은 상대가 사전에 알고 납득하고 있던 것, 즉 내가 아닌 '상대방의 상식'에서부터 시작해야 한다.
- 현실에서 '전하는 내용이 올바르면 상대를 납득시킬 수 있다'라는 생각은 통용되지 않는 경우가 많다.
- 설득은 '말하는 사람의 인성', '듣는 사람의 기분', '말하는 내용의 올바름'이라는 세 가지 요소로 성립된다.
- 세 가지 가운데 '내용의 올바름'이 핵심이며, 다른 두 가지는 부수적으로 다룬다.

Chapter 3

다투기도 전에 이기는
말의 공식

아리스토텔레스처럼 논리적으로 설득하는 법

변론술의 핵심, 생략삼단논법이란 무엇인가?

제2장에서는 타인을 설득하기 위해 필요한 삼대 요소, 즉 '말하는 사람의 인성', '듣는 사람의 기분', '내용의 올바름'에 대해 간단하게 소개했다. 지금부터는 이러한 삼대 요소를 실제 토론에 어떻게 적용시키는지 그 구체적인 방법에 대해 설명하겠다.

우선은 삼대 요소 가운데 핵심인 '내용의 올바름'부터 시작하자. 앞서 밝혔듯 아리스토텔레스는 '말하는 사람의 성품'과 '듣는 사람의 기분'은 부수적인 것에 불과하며 '내용의 올바름'이야말로 변론술의 본질이라고 생각했기 때문이다.

논리적이라면 옳은 것처럼 들린다

제2장 마지막 부분에서 '내용의 올바름'을 뒷받침하는 것은 '논리성'이라고 설명했다. 청중이 이 사람의 이야기가 옳다고 생각하게 만들기 위해서는 이야기하는 내용의 핵심을 말하는 이와 듣는 이 모두에게 납득시켜야 한다. 그렇다면 상대를 납득시키는 데 효과적인 '논리적으로 말하는 법'이란 어떤 것일까?

아리스토텔레스는 **논리적인 화법에 두 가지 방식이 있다**고 말했다. 바로 **'생략삼단논법'과 '예증'**이다. 두 가지 용어 모두 낯설게 들릴 것이다.

'생략삼단논법'은 **아리스토텔레스가 '청중을 설득하기에 가장 유용한 것'**(《수사학》 제1권 제1장)이라고 설명했듯 **변론술의 핵심이자 대표적인 형식이다.** 생략삼단논법에 대해 간단하게 설명하자면 '설득을 위한 추론'이다. 여기서 추론이란 어떤 근거를 바탕으로 아직 분명하지 못한 사실에 대해 '아마도 이럴 것이다'라고 가정하고 논의를 전개하는 것을 의미한다. 다시 말해 생략삼단논법이란 아직 모르거나 분명하지 못한 것에 대해 말할 때 근거로부터 자신이 의도하는 결론을 유도하는 설득법이다. 알기 쉽게 실제 대화에 대입해서 살펴보자.

1. "그는 우수한 사람이야. 그러니까 이번 프로젝트도 멋지게 성공시킬 거야."
   이처럼 '○○이기 **때문에** ××**이다**'라는 형태가 바로 생략삼단논법의 기본형이다.

2. "영화관이 오늘 쉬는 날이라면 가 봤자 소용없어."
   이처럼 '○○**라고 한다면** ××**라는 것이 된다**'라는 형태는 생략삼단논법의 발전형으로, 전제가 가정의 형태를 가진다.

3. "범인은 바로 그다. 왜냐하면 목격자가 있기 때문이다."
   이처럼 '××**이다. 왜냐하면** ○○**이기 때문이다**'라는 형태로 전개하는 방식도 있다. 이는 결론과 근거의 순서를 뒤집은 형태다.

한마디로 말해서 ○○라는 근거를 바탕으로 '**따라서** ××**이다**' 또는 '**그러므로** ××**일 것이다**'라고 주장하는 화법은 모두 **생략삼단논법이다**. 뒤에서 자세히 설명하겠지만, 이와 같이 '따라서 ×× 이다'에서 '××' 부분에 자신의 주장을 집어넣으면 나도 모르는 새 설득력이 높아지게 된다.

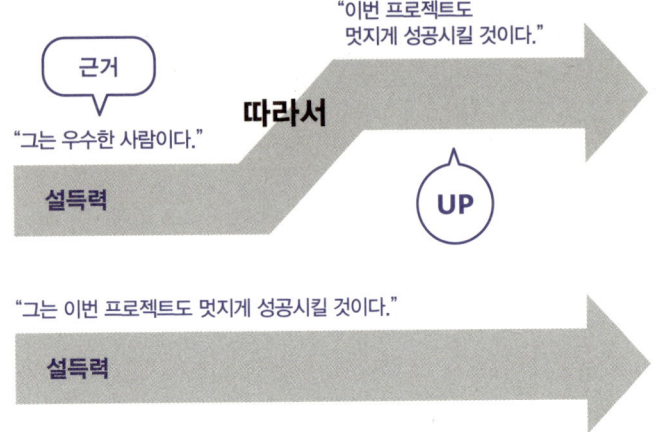

　또 하나의 방법인 '예증'은 아리스토텔레스가 '생략삼단논법의 보조 장치로 쓰여야 한다'라고 설명한 것처럼 어디까지나 논리성을 보충하는 보조적인 역할이다. 따라서 제3장에서는 우선 핵심이 되는 생략삼단논법부터 소개하고, 예증에 대해서는 이번 장의 뒷부분에서 설명할 것이다.

　여기서는 "요시다 사장님이나 하마구치 사장님이 영업부 출신이었던 것처럼, 다음 사장도 분명 영업부에서 나올 거야"라는 말과 같이 '어떤 사례를 사용해서 다른 사례를 설명하는 것' 정도로 간략하게 소개한다.

말과 논리는 간결할수록 단단해진다

아무리 논리적일지라도 듣는 사람이 지루하다고 느낄 정도로 길게 말해서는 안 된다. 혹시 상대방을 설득하기 위해 하나부터 열까지 차근차근 논리를 쌓아가며 설명하고 있는데 "그래서 결론이 뭔데?"나 "도대체 무슨 말을 하고 싶은 거야?"라고 하는 반문을 들은 적이 있을지도 모르겠다. 이런 말을 들었다는 것은 설득한답시고 상대방에게는 쓸데없이 들리는 이야기를 지나치게 오래 늘어놓았다는 의미다.

앞서 논리적인 이야기처럼 보이기 위해서는 우선 'ㅇㅇ이기 때문에 ××이다'라는 생략삼단논법을 활용해야 한다고 밝혔다. 그런데 여기에는 두 가지 주의사항이 있다.

첫 번째 주의사항은 제2장의 첫머리에서 이미 언급했지만, **상대방의 납득이 모두 끝난 상황, 즉 상식을 출발점으로 삼아야 한다**는 것이다. 예를 들어 다음 문장을 살펴보자.

"그는 우수한 사람이다. 그러니까 이번 프로젝트도 멋지게 성공시킬 것이다."

'그가 이번 프로젝트를 훌륭하게 수행할 것이다'라는 주장에서 상대가 '그는 우수한 사람이기 때문이다'라는 근거에 납득하지 않는다면, 그 시점에서 위와 같은 논리로는 설득이 불가능해진다. 그런 경우에는 일단 한발 물러서서 근거를 보충하거나 새로운 추론을 마련해야 한다. 다시 말해 "○○이기 때문에, 그는 우수한 인간이다"라는 새로운 추론을 세우고 상대방에게 맞춘 상식을 공유하며 다시 설득을 시도해야 한다.

이어서 두 번째 주의사항은 **이야기의 전개가 지나치게 자세하다고 해서 좋은 것이 아니라는 점**이다. 아리스토텔레스는 그에 대해 다음과 같이 말했다.

생략삼단논법은 변증적 삼단논법처럼 긴 추론 과정을 거듭한 끝에 결론으로 유도해서는 안 되며, 모든 논의 단계를 하나하나 유도할 필요도 없다. 긴 추론을 거치는 경우에는 논의가 지나치게 늘어진 나머지 청중에게 확실하게 전달이 되지 않고, 모든 논의 단계를 밟을 경우 이미 다 알고 있는 사항까지 구구절절 설명하기 때문에 시간낭비 같은 이야기가 되어 버리기 때문이다.

《수사학》 제2권 제22장

즉 논리를 전개할 때에는 굳이 확인할 필요도 없이 당연한 정보들은 생략해 듣는 사람이 이야기의 뼈대를 쫓아가기 쉽도록 정리해야 한다. 다시 말해 결론까지 '최단거리'로 가야만 한다.

앞에서 제시한 '그는 우수한 사람이다. 그러니까 이번 프로젝트도 멋지게 성공시킬 것이다'라는 문장이 다음과 같이 전개되었다면 듣는 사람에게는 어떻게 받아들여질까?

1. "그는 보이는 바와 같이 언어를 사용하고 있다. **따라서** 그는 사람이다."
2. "사람들 중에는 우수한 사람과 그 정도까지는 미치지 못하는 사람이 있다. **따라서** 그도 사람이므로 둘 중 어느 한쪽이어야 한다."
3. "그는 지금까지 수많은 프로젝트를 훌륭하게 성공시켜왔다. **따라서** 그는 우수한 사람이다."
4. "그는 우수한 사람이다. **따라서** 이번 프로젝트도 멋지게 성공시킬 것이다."

한눈에 보기에도 논리가 전개되는 과정에서 1번과 2번의 설명은 불필요하다는 것을 느낄 수 있다. 외계인에게 설명하는 것이 아닌 이상, '그는 사람이다'나 '사람들은 우수한 사람과 그렇지 못한 사람으로 나뉘기 마련이다'와 같은 전제는 굳이 하나하나 설명하지 않더라도 듣는 사람에게는 새삼스러운 사실일 것이기 때문이다.

또한 3번과 4번을 둘로 나눠서 설명하는 방식 역시 지름길을 두고 쓸데없이 돌아가는 것이다. 3번과 4번에서 반복하고 있는 '그는 우수한 사람이다'를 생략해도 듣는 사람은 충분히 이해할 수 있기 때문이다. 이러한 전개 과정을 최단거리로 다듬은 생략삼단논법으로 바꾸면 다음과 같이 된다.

5. "그는 지금까지 수많은 프로젝트를 훌륭하게 성공시켜 왔다. **따라서** 이번 프로젝트도 멋지게 성공시킬 것이다."

실제 설득 과정에서는 이렇게 다듬은 한 문장만으로 충분하다. '설득의 뼈대는 최단거리로 한다'라는 가르침은 오늘날에도 설득을 필요로 하는 모든 상황에 적용할 수 있다. 예를 들어 회사에서 기획을 발표하거나 마케팅 회의를 진행할 때 이야기의 핵심에 대해 다음 두 가지를 반드시 확인하도록 하자.

1. 굳이 설명할 필요도 없는 지극히 당연한 문제를 다루고 있

지는 않은가?
2. 생략할 수도 있는 이야기를 굳이 하고 있지는 않은가?

여담이지만 정치인이 시민들에게 자신이 준비한 정책에 대해 설명할 때에도 일부러 이야기를 단순화시키곤 하는데, 이 또한 논리 전개를 최단거리로 다듬은 설득을 시도하는 사례라고 할 수 있다. 전문가로부터 '설명이 불충분하다'라는 비판을 받으면서도 정치인들이 이야기를 단순화시키는 이유는 불특정 다수를 대상으로 하는 설득에서는 논리적 단계를 차근차근 거치며 전체를 간파하는 방식이나 긴 추론을 더듬는 방식이 통하기가 쉽지 않다는 것을 알고 있기 때문이다.

'개별적'이고 '구체적'일수록 설득력이 높아진다

아리스토텔레스는 변론술에서 상대를 설득하기 위해 '가능한 한 설득에 유리한 근거를 미리 모아둬야 한다'고 밝히고 있다. 즉 사전에 토론 주제에 대한 정보를 수집해둬야 설득에 유리하다.

우리가 무언가에 대해 논하거나 추리해야 할 경우, 그 추론이 정치적인 것이나 공공의 것을 다루거나 혹은 다른 어떤 것을 다루더라도 문제가 되는 사정, 그 특유의 논점이 되는 것에 대해 전체적인지 또는 부분적인지와 상관없이 되도록 잘 이해하고 있을 필요가 있다.

《수사학》 제2권 제22장

복잡하게 들리겠지만, 간단하게 풀자면 공적인 일에서든 일상적이고 사적인 영역에서든 설득에 활용할 만한 근거를 미리 많이 모아둘수록 설득에 도움이 된다는 말이다.

그렇다면 아리스토텔레스는 어떤 근거를 수집해야 한다고 했을까? 바로 앞에서 소개한 인용문에도 나와 있는 '그 문제 특유의 논점', 다시 말해 그 문제에만 특별히 해당하는 근거를 일컫는다.

아리스토텔레스는 근거가 일반적인 것일수록 설득력을 잃게 된다고 생각했다. 즉 **특정한 논점에 대한 근거는 개별적이고 구체적인 것일수록 좋다**. 아리스토텔레스는 그 이유에 대해 다음과 같이 설명하고 있다.

그 문제에만 인정되는 사실을 많이 모으면 모을수록 그

만큼 설명도 쉬워지고, 문제와의 관계가 깊어지면 깊어질수록 그 설명은 문제 고유의 것이 되어 일반성이 감소되기 때문이다.

《수사학》 제2권 제22장

좀 더 알기 쉽도록 구체적인 예를 살펴보자. 누군가를 칭찬한다고 가정해 보자.

1. "A는 영업 실적이 매우 좋다. 따라서 A는 우수한 영업 사원이다."
2. "A는 처음으로 대기업의 일감을 따왔다. 따라서 A는 우수한 영업 사원이다."

이와 같은 두 가지 유형을 비교해 보면 1번보다는 2번이 더 설득력이 있는 것처럼 느껴질 것이다. 1번의 근거가 되고 있는 '영업 실적이 매우 좋다'에 해당하는 사례는 영업사원 A씨 외에도 많이 존재할 수 있는 데 비해, '처음으로 대기업의 일감을 따왔다'는 사례는 영업사원 A씨에게만 해당하는 개별적이고 구체적인 것이기 때문이다. 이것이 바로 '개별적이고 구체적인 근거가 더 설득력이 높다'는 의미다.

'이 상품은 ○○하니까 구입해주세요'라고 특정 제품이나 서비스 등을 홍보하는 경우에도 마찬가지다. ○○에 그 상품이나 서비스에만 해당하는 사항이 근거로 많이 붙으면 붙을수록 구매를 유도하는 설득력도 높아진다.

예를 들어 승용차를 판매하기 위해 광고를 제작하고 있다고 가정해 보자. '장거리 이동도 무리 없습니다' 정도의 홍보 문구로는 잠재 고객들의 눈길을 끌기가 쉽지 않을 것이다. 요즘에는 어지간한 차라면 장거리 이동쯤이야 거뜬하기 때문이다.

대신 '최고의 가속도'나 '다른 차에서는 느낄 수 없는 승차감' 또는 '최고의 연비'나 '도심의 좁은 골목에 최적화된 회전 반경' 등 그 차에만 해당하는 개별적이고 구체적인 근거를 드는 것이 설득력을 훨씬 높일 것이다.

토포스, 철학자가 마련한 설득의 필승 공식

지금까지 생략삼단논법을 활용해 상대방을 설득하는 방법과 주의해야 할 사항들에 대해 설명했다. 그 중에는 지극히 당연하다고 생각될 만한 내용들도 있었다. 그러나 아리스토텔레스의 《수사학》이 가진 탁월함은 이처럼 얼핏 당연해 보이는 주장이나 반론을 위한 설득 방식의 유형들을 구체적이고 상세하게 분석해서 소개해준다는 데 있다. 이와 같이 **아리스토텔레스가 정리한 설득 방식의 유형들을 가리켜 '토포스'라고 한다.**(토포스는 그리스어로 '장소'를 뜻하는 말로, 논거의 원천이나 아이디어를 찾는 '논증의 장소' 또는 '논리적 틀'이라는 의미로 사용한 개념이다. - 편집자 주)

토포스는 아리스토텔레스의 변론술에서 매우 중요한 수단이자 특징으로, 그가 '토포스'라는 용어로 무엇을 이야기하려고 하는지 그 의미를 헤아리는 것은 쉬운 일이 아니다. 다만 우리 일상생활에 《수사학》을 적용하려는 이 책의 취지에 맞추자면 **'토포스는 설득을 위한 필승 패턴이다'** 정도로 이해하면 충분할 것이다. 조금 더 자세하게 설명하자면 토포스란 근거와 결론의 연장선상으로, 설득력을 갖추기 위해 아리스토텔레스가 생각해낸 '설득을 성공시키기 위한 설득 모델'이라고 할 수 있다.

아르스토텔레스가 고안한 '똑똑하게 말하는 법'

토포스를 활용한 말은 매우 논리적으로 들린다. 예를 들어 상사에게 'A사를 담당하는 업무는 신입인 B가 맡기에는 버거울 것이다'

라는 뜻을 전하고 싶다고 가정해 보자. 이때 뒤에서 설명할 '비교의 토포스'를 활용하면 다음과 같이 말할 수 있다.

"A사를 담당하는 업무는 3년차인 C주임에게도 쉽지 않았으니, 신입인 B에게는 버거울 겁니다."

단순히 '신입인 B에게는 무리입니다'라고 말하는 것보다 훨씬 논리적으로 들리고 설득력도 높아진다는 것을 느낄 수 있다.

현실에서도 토포스를 활용해 말할 수 있는 능력이 말의 '논리성'을 판가름하고 나아가 '내용의 올바름'마저 결정하는 기준이 되기도 한다. 흔히 이러한 화법을 가리켜 '똑똑하게 말하는 법'이라고도 하는데, '똑똑하게 말하는' 사람들은 본인이 의도한 것이든 아니든 간에 대체로 토포스에 따라서 이야기할 줄 안다.

물론 토포스를 활용한다고 해서 모든 설득이 100퍼센트 성공한다는 보장은 없다. 토포스가 반론 불가능한 절대적인 '말의 필살기'는 아니라는 의미다. 실제 토론에서 반론 불가능한 절대적인 화법이란 존재하지 않는다. 앞의 예시로 나온 문장의 경우에도 "D대리는 신입이었을 때부터 A사 담당 업무를 잘 해냈는데?"라는 반론에 부딪힐 수도 있다.

그러나 토포스를 의식해 말하는 것과 그렇지 않은 것은 토론의 구조와 화법 그리고 설득력에서 결정적인 차이를 보이는 것이 사실이다. 비즈니스든 개인적인 상황에서든 아리스토텔레스의 토포스가 매우 자주 사용되는 까닭이 바로 여기에 있다.

이제부터 아리스토텔레스가 고안한 어떤 토론에서든 사용할 수 있는 범용적인 토포스 안에서, 현재에도 특히 사용하기 쉬운 방법들을 골라 오늘날 상황에 맞는 사례를 들어 설명할 것이다. 참고로 이 책에서 소개하는 토포스 각각의 이름은 독자 편의를 위해 새로 만든 것이다.

정의의 토포스: 먼저 정의를 주입하라

가장 먼저 소개하는 토포스는 '정의定義의 토포스'다. 주장하고 싶은 것을 이야기할 때 'A란 B다'라는 뜻매김을 사전에 주입한 다음 이어서 '따라서 ××이다'라고 전개함으로써 설득력을 높이는 방식이다. 다음에 나오는 사례를 살펴보자.

1. "인생은 시련의 연속이다. **따라서** 기대와는 다른 결과를 맞더라도 좌절하지 말고 더욱 열심히 하자."

2. "우리 회사에서 모든 임직원은 가족이나 마찬가지다. **따라서** 급여를 함부로 삭감할 리가 없다."

두 주장은 단순히 '좌절하지 말고 더욱 열심히 하자'나 '급여를 함부로 깎을 리가 없다'라고 주장하는 것보다 설득력이 있는 것처럼 느껴진다. 그 이유는 무엇일까?

논리의 구조를 분해하면 1번 사례는 '인생(A)이란 시련의 연속(B)이다'라는 정의를 일단 제시해 두고, 그것을 근거로 '기대와는

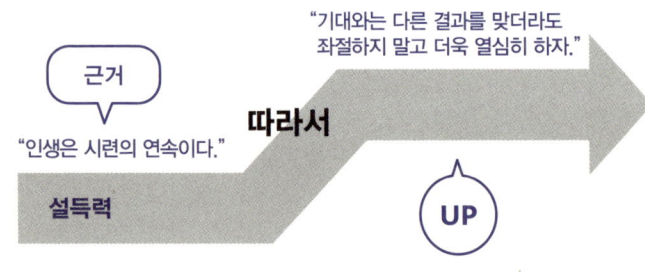

정의의 토포스

다른 결과를 맞더라도 좌절하지 말고 더욱 열심히 하자'라는 논리로 전개되고 있다.

2번 사례 또한 '임직원(A)은 가족(B)이나 마찬가지다'라는 정의를 사전에 주입한 다음 가족처럼 소중한 사람들의 '급여를 함부로 삭감할 리가 없다'라는 결론으로 자연스럽게 이어가고 있다.

참고로 아리스토텔레스가 이야기하는 '정의'란 '지시하는 사항에만 해당되는 고유의 설명으로, 그 본질을 나타내는 것'이다. 하지만 실제 토론이나 설득에 동원되는 논리에서 중요한 핵심은 엄밀한 의미에서 정의인지 아닌지보다는 **'청중이 과연 납득할 만한 정의'인가** 하는 것이다.

예를 들어 '모든 임직원은 가족이나 마찬가지다'라는 정의를 따져 보면 실제로 가족끼리 경영하는 소규모 회사가 아닌 이상 엄밀한 의미에서 모든 임직원이 서로에게 가족은 될 수 없다. 그러나 '모든 임직원은 가족이나 마찬가지다'와 같은 말이 그 회사의 사람들 사이에서 상식처럼 널리 통용되고 있다면 이 토포스에 정의로서 활용될 수 있다.

여기서 짚고 넘어갈 점은 지금까지는 '모든 임직원은 가족이다'라는 말이 자연스럽게 받아들여졌을지도 모르지만, 앞으로도 이런 정의가 계속 통용된다고 단정할 수는 없다는 것이다. '회사 동료가 가족이라는 생각은 고리타분하다'라는 사고방식이 새로운 상식처럼 사람들 사이에서 퍼진다면 정의와 같은 권위도 사라지게 되기 때문이다.

반대의 토포스: 반대되는 성질을 설득에 활용하라

다음으로 소개할 토포스는 '반대의 토포스'다. 반대의 토포스는 '반대하는 것에는 반대의 성질이 있는 법이다'라는 전제를 세움으로써 주장에 논리적인 설득력을 만들어내는 패턴이다. 다음의 예시를 살피면서 자세히 알아보도록 하자.

1. "이 아이디어는 라이벌 ○○사에 큰 타격을 줄 겁니다. 즉 ○○사와 경쟁하는 우리 회사에는 큰 이익이 될 것입니다. **따라서** 그 아이디어를 반드시 채택해야 합니다."

반대의 토포스란 'A는 B다. 따라서 A의 반대는 B의 반대가 된다'라는 형태를 활용해 상대를 설득하는 방식이다. 1번 예시는 '라이벌 회사(A)에는 손해(B)다. 따라서 우리 회사(A의 반대)에는 이익(B

의 반대)이다'라는 구조를 가지고 있다.

회사에서 기획 회의에 참석했을 때를 떠올려 보자. "제 아이디어를 채용해주세요!"라고 막무가내로 주장한다고 해서 동료들이 납득할 리는 없다. 이때 "이 아이디어를 반드시 채용해야 합니다"라는 제안에 설득력을 더하고자 사전에 반대의 토포스를 주입해 보는 것이다.

여기서 토포스를 사용해 설득할때 한 가지 주의할 점이 있다. 지금까지 토론의 전제는 내가 아닌 상대방이 납득하는 것이어야 한다고 반복해서 설명해 왔다. 토포스를 활용하는 경우에도 마찬가

반대의 토포스

| 라이벌 회사 (A) | 에 있어서 | 손해 (B) |

⬇ 그렇다면

| 우리 회사 (A의 반대) | 에 있어서 | 이익 (B의 반대) |

지다. 즉 1번 예시라면 '이 아이디어는 라이벌 ○○사에 큰 타격을 준다'라는 전제를 상대방이 납득하지 못하고 "글쎄, 별로 큰 타격은 아닐 것 같은데?"라고 회의적으로 반응한다면, 더 이상의 설득은 어려워진다. 그러므로 반대의 토포스를 사용할 때에도 그 전제 또한 설득해야 할 상대가 납득하는 것이어야만 한다.

반론에도 사용되는 반대의 토포스

다음 예시는 자신의 주장을 전개하는 것이 아니라 반론으로 반대의 토포스를 사용하는 경우다.

2. ("그 사람은 하라고 해서 했을 뿐입니다"라고 변명하는 사람에게)
"명령을 받아서 나쁜 일을 한 사람에게 가하는 비난이 부당한 것이라면, 명령을 받고 착한 일을 한 사람에게 보내는 감사 또한 마찬가지로 부당한 것이라는 말이 되지. 그렇다면 명령을 받고 현장에 나간 소방관에게 감사를 보내는 것도 잘못이라는 말인 거야?"

얼핏 복잡해 보이지만 하나하나 살펴보자. 2번 예시는 'A가 B라면, A의 반대는 B의 반대가 된다'가 성립되지 않는다는 것을 증명해서 'A는 B'라는 전제 자체가 오류라는 것을 밝히고 있다.

'명령을 받아서 나쁜 일을 한 사람(A)에게 가하는 비난(B)이 부당한 것이라면, 명령을 받고 착한 일을 한 사람(A의 반대)에게 보내는 감사(B의 반대) 또한 잘못된 것이 된다', 즉 '이 결론은 이상하기 때문에 전제 또한 잘못되었다'라는 식으로 반론하는 것이다.

이때는 아까의 예시와는 반대로 'A의 반대는 B의 반대가 된다'라는 결론에 대해 상대방 역시 이상하다는 인식을 함께하는 것이 중요하다. 상대방에게서 "별로 이상하지 않은데?"라는 반응이 나온다면 반론은 성립되지 않는다.

그렇기 때문에 이 예시에서도 '명령을 받고 착한 일을 한 사람에게 보내는 감사도 부당한 것이 된다'라는 문장에 '명령을 받고 현장에 나간 소방관에게 감사를 보내는 것도 잘못이라고 말하는 거야?'라는 구체적인 사례를 덧붙였다. 알기 쉽게 구체적인 사례를 들어가며 반문함으로써 전제가 틀렸다는 것을 더욱 분명하게 강조한 것이다.

이와 같이 토포스를 반론으로 사용할 때의 핵심은 **'상대의 논리에 따르면 이상한 결론이 나온다'**라고 이야기하는 것이다.

상관의 토포스: 여기에 해당하면 저기에도 해당한다

이어서 소개할 토포스는 '상관의 토포스'다. 상관의 토포스란 '상관관계에 있는 두 가지 가운데 한쪽에 해당하는 것은 다른 쪽에도 해당되어야 한다'라는 전제를 세워 전개하는 형태다. 이해하기 쉽도록 예시를 들어 설명하자면 다음과 같다.

1. "위조 브랜드 물건을 파는 행위가 나쁘다면, 그것을 사는 행위도 마찬가지로 나쁜 일이다. 따라서 위조 브랜드 물건을 사서는 안 된다."
2. "내가 그에게 사실을 전한 일이 잘못이라는 거야? 그럼 네 말은 그가 평생 사실이 뭔지도 모르는 채로 바보처럼 지내야 한다는 거네?"

여기서 '상관관계'란 서로가 서로를 성립시키는 관계를 일컫는다. 예를 들어 '팔다'와 '사다' 사이, '빌리다'와 '빌려주다' 사이와 같은 관계를 의미한다. 이런 관계에 있다면 한쪽에 해당하는 성질은 다른 쪽에도 해당되어야 한다고 주장할 수 있다.

1번 예시를 보면 '위조 브랜드 물건을 산다'는 행위는 '위조 브랜

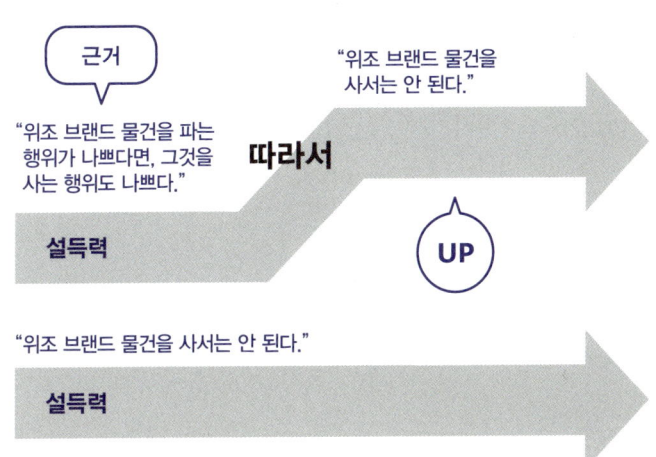

드 물건을 판다'는 행위와 서로 '위조 브랜드 물건의 매매'라는 상관관계를 성립시킨다. 이러한 관계를 바탕으로 '파는 행위'가 나쁘다면, '사는 행위' 또한 마찬가지로 나쁘다고 주장하는 것이 바로 상관의 토포스다.

그저 '위조 브랜드 물건을 사서는 안 된다'라고만 주장한다면 '나쁜 것은 파는 쪽이다'라는 반론을 당할 수밖에 없다. 그래서 사람들에게 일반적으로 '나쁜 행위'라고 받아들여지는 위조 브랜드 물건을 판매하는 행위가 그것을 구입하는 행위와 상관관계에 있는 것을 증명함으로써 '위조 브랜드 물건을 사서는 안 된다'는 주장에 설득력을 더하는 것이다.

상관의 토포스는 사용자의 자격을 따진다

2번 예시는 상관의 토포스를 반론에 사용하고 있는 패턴이다. 여기에서도 '알리다'와 '알게 되다' 사이에 상관관계가 성립된다. 즉, 내가 그에게 사실을 알린 것이 잘못이라면, 그가 사실을 아는 것도 잘못이라는 모순이 생긴다. 이런 결론은 이상하므로, 내가 사실을 알린 것은 옳다는 논리 구조를 가진 반론이다.

이 지점에서 상대가 납득한다면 설득은 성공이겠지만, 경우에 따라서는 "그렇다고 해도 당신에게 그 사실을 알릴 자격은 없다"라는 반론이 나올 수도 있다.

특히 어떤 행위에 대한 옳고 그름을 따지는 이야기의 경우에는 '누가 해야 하는가', '누가 당해야 하는가'와 같은 관점에서 이른바 자격을 묻는 반론을 당할 수 있기 때문에 주의가 필요하다. 같은 행위라도 어떤 사람이 하는 것은 옳아도 다른 어떤 사람이 하는 것은 옳지 않은 경우가 있기 때문이다.

따라서 2번 예시와 같은 경우에는 '××하기 때문에, 어쩔 수 없이 내가 알려야만 했다'는 근거를 준비해 두면 더욱 안전하게 자신의 의견을 제시할 수 있다.

기결의 토포스: 선례와 역사를 활용하라

'기결旣決의 토포스'는 비슷한 종류의 문제에 대해 이미 과거에 내려진 판단을 근거로 설득하는 것을 가리킨다. 간단히 말하면 '이전에 ○○라고 판단되었다. 따라서 ××이다'라는 형태로, 상대방이나 조직이 전례를 중시하는 경우 효과적으로 쓰일 수 있는 설득 방식이다. 다음 예시에서 구체적인 활용 방식에 대해 살펴보자.

1. "그런 일은 하지 않기로 이전 회의에서 결정되었다. 따라서 그 아이디어는 반려되어야 한다."
2. "이 행사는 매년 하는 것으로 예전에 결정되었다. 따라서 올해에도 진행되어야 한다."
3. "예전 감독님께서 그런 연습은 시키지 않으셨습니다."

이 중에서 3번은 가장 간결하게 축약된 예시다. 원래의 전개 구조로 풀어보자면 '예전 감독님께서는 그런 연습이 실전에는 도움이 되지 않는다고 판단했다. 따라서 그런 연습은 비효율적이기에 우리에게 시키지 않았다'라는 흐름이 된다.

기결의 토포스를 사용할 때 주의할 사항은 인물이나 조직 등 과거에 판단을 내렸던 주체 자체에 권위가 있어야 한다는 것이다. 가장 좋은 형식은 '이전부터 모든 사람들이 그렇게 판단해 왔다'와 같은 것이지만, 그렇지 않더라도 '훌륭한 사람들이 그렇게 판단했다' 혹은 회사 대표의 선택이나 임원 회의에서 결정된 사항과 같이 '거스를 수 없는 권위가 그렇게 판단했다'로도 충분하다.

《수사학》에서는 시인 사포Sappho의 말을 인용해 다음과 같이 밝히고 있다.

> 죽음은 나쁜 것이다. 신들이 이미 그렇게 판단했기 때문이다. 만약 죽음이 나쁜 것이 아니라면 신들은 죽음을 선택했을 것이다.
>
> 《수사학》 제2권 제23장

여기서 '신이 그렇게 결정했기 때문'이라는 부분이 바로 기결의 토포스에서 갖춰야 하는 '거스를 수 없는 권위'다. 오늘날 우리 일상에서는 이 '신'을 사장이나 전통, 회의에서 결정된 사항 등으로 대체해 사용하고 있다. 이처럼 전례를 무기로 삼은 설득 방식은 오늘날에도 자주 쓰이는데, 이미 아리스토텔레스가 예전부터 써왔던 토포스다.

비교의 토포스: 비교를 근거로 설득하라

토포스 가운데에는 두 가지를 비교하는 방법을 통해 어떤 사항이 더 많거나 적은지에 대해 따진 비율을 근거로 설득력을 높이는 형태도 있다. 바로 '비교의 토포스'다. 아리스토텔레스는 이에 대해 특별히 다음과 같은 세 가지 패턴을 제시했다.

첫 번째 패턴: 나조차 못했으니 너 또한 못할 것이다

첫 번째 패턴은 'A가 B보다 어떤 사항을 가질 가능성이 높을 경우, 해당 사항을 A가 갖고 있지 않기 때문에 B는 갖고 있을 가능성이 더욱 낮을 것이다'와 같이 설득하는 형태다. 즉 B보다 가능성이 높은 A가 해당 사항을 갖고 있지 않다는 사실을 참고해 '그렇다면 B에게는 더욱 무리다'라고 주장하는 토포스다. 다음에서 제시하는 예시를 통해 자세히 알아보자.

1. "저 정도로 까다로운 공은 프로야구 선수도 손대지 못할 정도니, 사회인 야구 선수가 치기란 더더욱 힘들 것이다. 그러니까 사회인 야구 선수도 아닌 네가 저 공을 치기란 불가능할 것이다."

2. "수집가도 소장하지 못한 희귀한 청바지를 내가 갖고 있을 리가 없다."

1번 예시의 구조를 구체적으로 풀어보면 "공을 칠 가능성이 사회인 야구 선수보다 훨씬 높은 프로야구 선수가 치지 못했다. 그러니까 프로야구 선수보다 실력이 떨어지는 사회인 야구 선수조차 되지 못한 너는 더 말할 것도 없다"가 된다.

비교의 토포스 첫 번째 패턴을 성립시키기 위해서는 우선 결론으로 내리고자 하는 'B가 ××하는 것은 불가능하다'라는 주장에서 B보다 뛰어나면서 '××하는 것'에 실패하고 있는 A를 찾아야 한다. 그 다음으로 'A에게도 무리니까, 당연히 A보다 못한 B에게는 더욱 무리일 것이다'라고 주장한다.

두 번째 패턴: 나조차 해냈으니 너도 해낼 것이다

두 번째 패턴은 첫 번째 패턴과는 정반대로 '어떤 것이 A라는 사항을 갖고 있다면, A보다 가질 가능성이 높은 B의 경우 더욱 그러할 것이다'라고 주장하는 형태다. 예를 들자면 다음과 같다.

1. "그녀는 그 어려운 프로젝트도 성공시킨 적이 있으니까, 이

번 프로젝트는 일도 아닐 것이다."
2. "그녀는 맨얼굴도 그렇게 아름다우니, 화장까지 하면 훨씬 더 아름다워질 것이다."

1번 예시의 구조를 보면 "그녀는 과거에 이미 '어려운 프로젝트를 성공시켰다'라는 결과(사항 A)를 갖고 있다. 따라서 그에 비해 실현 가능성이 높은 '이번 프로젝트를 성공시킨다'라는 결과(사항 B)는 당연히 갖고 있을 것이다"로 이뤄져 있다.

비교의 토포스 두 번째 패턴을 성립시키기 위해서는 우선 결론으로 내리고 싶은 '××를 하는 것은 가능하다'보다도 실현 가능성이 낮은 ○○의 사례를 찾는다. 이어서 '이미 ○○에서도 결과를 냈던 전례가 있으므로 그보다 쉬운 ××를 해내는 것은 충분히 가능하다'라고 주장한다.

세 번째 패턴: 나도 했으니 너도 해야만 한다

비교의 토포스 세 번째 패턴은 'A와 B가 동등할 때 A가 어떤 것으로서 다뤄진다면, B도 똑같이 다뤄져야 한다' 혹은 'A와 B가 동등할 때 A가 어떤 것으로서 다뤄지지 않는다면, 마찬가지로 B도 다뤄져서는 안 된다'라고 주장하는 형태다. 예를 들자면 다음과 같다.

1. "당신도 샤브샤브에서 고기만 골라먹고 있는데, 나도 그럴 수 있는 거잖아."
2. "의과대학 교수가 응용과학 전문가로 존경받는다면, 공학대학 교수 또한 마찬가지로 존경받아야 한다."

1번은 '당신이 샤브샤브에서 고기만 건져 먹는 것이나 내가 고기만 골라먹는 것이나 결국에는 피장파장이니, 나에게는 당신과 같은 선택을 할 권리가 있다. 그러니까 나와 다를 바 없는 행동을 하는 당신은 나의 행동을 용인해야만 한다'라는 주장이다.

2번은 '의대 교수와 공대 교수 모두 응용과학 전문가라는 점에서는 동등하다. 그러니까 공대 교수 또한 의대 교수와 마찬가지로 존경받아야 한다'는 주장이다.

비교의 토포스 세 번째 패턴을 사용할 때에는 우선 'A와 B가 어떤 점에 있어서 동등한가'를 확실하게 규정하는 것이 무엇보다 중요하다.

2번 예시에서 '응용과학 전문가로서'라는 공통된 조건을 생략한 채 '의대 교수가 존경받는다면 공대 교수도 마찬가지로 존경받아야 한다'라고 주장한다면, 청중 가운데에는 납득하지 않을 사람도 있을 것이다. 그렇기 때문에 '응용과학 전문가로서'라는 전제를 통해

'어떤 점이 동등한지'를 확실히 전달할 필요가 있다.

분할의 토포스: 알기 쉽게 쪼개라

'분할의 토포스'는 어떤 것을 분할하고 정리해 하나씩 논하는 패턴을 일컫는다. 분할의 토포스를 활용하면 복잡하게 엮여 있는 주제도 깔끔하게 정리해서 이야기할 수 있다. 다음에 소개하는 예시를 통해 그 활용 방식에 대해 알아보자.

1. "누군가가 범인으로 지목되기 위해서는 세 가지 조건이 필요합니다. 첫 번째는 알리바이가 없어야 합니다. 두 번째는 동기가 있어야 합니다. 세 번째는 범행을 실행할 만한 능력이 있어야 합니다. 그러나 범행 추정시간 당시 저는 범죄 현장에서 멀리 떨어진 온천 숙소에 묵고 있었습니다. 그리고 피해자는 저의 비즈니스 파트너로서 그가 없어지면 가장 곤란한 사람은 바로 접니다. 마지막으로 여성인 제가 건장한 성인 남성을 정면에서 목을 졸라 살해하기란 불가능합니다. 저는 세 가지 조건 가운데 어느 것 하나에도 해당되지 않습

니다. 그러니까 저는 결백합니다."
2. "인간이 누군가에게 부정한 행위를 하는 동기는 복수를 위해서거나 자신의 이익을 위해서거나 둘 중 하나일 것이다. 나에게는 양쪽 모두 해당되지 않는다."

1번 예시에서 화자는 '자신이 범인으로 지목되기 위한 조건'을 알리바이가 없을 것, 범행 동기가 있을 것, 실행 능력이 있을 것이라는 세 가지로 분할해 제시했다.

이어서 화자는 '나는 이 세 가지 조건 모두에 해당하지 않는다'라는 결론을 끄집어내면서 '따라서 나는 결백하다'라는 주장에 설득력을 부여했다. 이처럼 이 토포스의 목적은 크고 복잡한 사안을 듣는 이가 쉽게 받아들일 수 있도록 요소별로 분할하고 정리함으로써 설득력을 높이는 데 있다.

다만 분할의 토포스를 활용할 때에는 주의할 점이 있다. 바로 요소를 가능한 한 빈틈없는 것으로 제시해야 한다는 것, 혹은 그런 분위기를 만들어내야 한다는 것이다.

예를 들어 2번 예시에서는 부정한 행위의 동기로서 '복수'와 '이익'을 들었는데, 이를 듣는 상대방이 '강제로 하게 되는 패턴도 있지 않나?'라는 생각을 떠올릴 수도 있다. 이 경우 "당신이 누군가에게 부탁을 받았거나 속아서 그 일을 저질렀을 가능성도 있지 않나요?"라는 반론을 당할 수 있다.

'요소'에 의한 분할과 '수'에 의한 분할

아리스토텔레스는 분할의 토포스에 대해서 '요소'로 분할하는 토포스만 소개했지만, 그 외에도 '수'로 분할하는 방법이 있다. 예를 들어 우리는 텔레비전 홈쇼핑을 시청할 때 다음과 같은 설명을 자주 접하곤 한다.

3. "이 최신식 스마트폰을 월 2만 원으로 구입할 수 있는 마지막 기회!(48회 분할 납부 시)"

'요소'로 분할하는 토포스에는 사물을 이해하기 쉽게 정리해주는 효과가 있듯이, 이런 '수'로 분할하는 토포스에는 큰 것을 작게 보이게 만드는 효과가 있다.

3번 예시에서도 '정가 96만 원'보다는 '48회 분할로 한 달에 단돈 2만 원'이라고 홍보하면 실제 지불하는 가격에는 변동이 없지만 왠지 저렴하게 느껴진다. 이런 인상은 논리적으로는 '착각'이 되지만, 실제 영업이나 토론 상황에서는 큰 힘을 발휘한다.

선악의 토포스: 자신에게 유리한 쪽을 근거로 삼아라

어떤 사건의 결과에는 대개 좋은 면과 나쁜 면, 즉 선과 악이 공존하기 마련이다. '선악의 토포스'는 이러한 현상을 이용해 두 가지 면 가운데 자신의 주장에 유리한 쪽을 근거로 고르는 방식이다. 예를 들어 취미로 하는 축구 시합 중에 발목이 골절돼서 입원하게 된 지인에게 다음과 같은 조언을 건넨다고 가정해 보자.

1. "최근 많이 바빴잖아. 이참에 좋은 기회라고 생각하고 느긋하게 쉬자고."
2. "이렇게 바쁜 시기에 골절이라니…. 이제 나이도 있는데 축구는 그만 두는 게 어때?"

1번과 2번 예시 사이에서 어떤 차이를 찾을 수 있을까? '축구로 골절되어 입원했다'는 결과에 대해 1번 예시는 '한창 바쁜데 쉴 수 있게 되었다'라는 긍정적인 면을 근거로 삼고 있는 것에 반해, 2번 예시는 '한창 바쁜데 일에 구멍이 생겼다'라는 부정적인 면을 강조하고 있다. 즉 같은 결과를 놓고서도 상대방을 위로하고 싶다면 '쉴 수 있다'는 면을, 비난하고 싶다면 '일에 구멍이 생겼다'라는 면을 근거로 논리를 구성할 수 있다.

상대방을 딜레마에 빠트린다

아리스토텔레스는 이 선악의 토포스를 응용한 기술로서 상대를 딜레마에 빠뜨려 자신이 의도한 답을 얻어내는 패턴을 다음과 같이 소개했다.

> 어떤 여사제가 아들이 준비 중인 연설을 만류하기 위해서는 '네가 옳은 이야기를 한다면 사람들의 미움을 살 것이고, 부정한 이야기를 하려 한다면 신들의 증오를 사게 될 것이다'라고 말해야 한다. 반대로 아들에게 연설을 하기를 권유하려면 '옳은 말을 한다면 신들에게 사랑을 받을 것이고, 부정한 이야기를 한다면 사람들에게 사랑을 받을 것이다'라고 말해야 한다.
>
> 《수사학》 제2권 제23장

즉 여사제는 네 종류의 결과를 자의적으로 선택해 조합한 다음 '어느 쪽을 택해야 할까'라는 딜레마에 빠뜨리는 방식으로 아들에게 설득을 시도하고 있다.

1. 연설에서 옳은 말을 한 결과

    A. 신들에게 사랑을 받는다. (좋은 점)

    B. 사람들에게 미움을 받는다. (나쁜 점)

2. 연설에서 부정한 말을 한 결과

    C. 사람들에게 사랑을 받는다. (좋은 점)

    D. 신들에게 미움을 받는다. (나쁜 점)

여사제가 아들의 연설을 말리기 위해서는 각각으로부터 '미움을 받는다'인 부정적인 결과(B와 D)를 취합해서 어떤 말을 하든 부정적인 결과를 맞게 될 것이라고 설명하고, 반대로 연설을 권유하고자 할 때에는 각각에서 '사랑을 받는다'는 긍정적인 결과(A와 C)를 취합해서 설명하면 된다.

이처럼 결과에 반드시 따라 나오는 선악의 양면을 토포스로서 활용하면 상대에게 무언가를 그만두도록 유도하고 싶을 경우에는 "어느 쪽을 택하든지 나쁜 결과가 기다리고 있다"고 말하고, 반대로 권유하고 싶을 때에는 "어느 쪽을 택하든지 좋은 결과가 기다리고 있다"고 말하면 된다.

본심과 포장의 토포스: 상대의 모순을 비판하라

아리스토텔레스는 '본심'과 '겉치레'에 대해서도 언급했다. '본심과 포장의 토포스'는 그럴싸하게 포장한 주장과 상대의 본심이 서로 모순되는 면을 활용하는 방식이다. 예를 들면 다음과 같다.

1. "당신은 평소 정치인을 두고 '돈에 인색하다'고 비난하곤 했지만, 당신 역시 거래처와 교섭할 때 꽤 야박하게 굴지 않았습니까?"
2. "연초에 '올해 목표는 혁신이다!'라고 얘기한 것 치고는 틀에 박힌 기획만 통과되고 있네요."

텔레비전 드라마나 비즈니스 상황에서 흔하게 들어 왔던 이야기다. 양쪽 모두 은근하게 비꼬는 말투로 상대를 궁지로 몰아넣는 뉘앙스를 품고 있다. 날이 서 있는 표현이지만 이야기를 들은 쪽에서는 반론하기가 쉽지 않다.

1번 예시에서는 '인색한 정치인을 비판한다'라는 상대방이 스스로를 포장하는 말과 '그렇게 비난하는 자신도 돈에 악착스럽다'는 본모습의 모순을 지적하고 있다. 2번 예시에서는 '올해 목표는 혁신이다!'라는 포장하는 말과 '그렇게 선언한 것과는 다르게 익숙한 방식을 바꾸고 싶지 않다'는 본심의 모순을 지적하고 있다.

이에 대해 아리스토텔레스도 다음과 같이 말했다.

> 사람들이 무언가를 칭찬할 때, 남들 앞에서 칭찬하는 내용과 마음속으로만 은밀하게 칭찬하는 내용은 일치하지 않는다. 공개적으로는 정의롭고 아름다운 것을 칭송하지만, 마음속으로는 자신에게 이익이 되는 것을 더욱 바라기 때문이다.
>
> 《수사학》 제2권 제23장

멋진 말을 하는 사람에 비해 실제로 멋진 행동을 하는 사람이 훨씬 적은 것이 현실이다. 이러한 현상은 예나 지금이나 크게 다르지 않은 것 같다. 그래서 본심과 포장의 토포스는 사용할 수 있는 범위가 굉장히 넓은 설득 방식이다.

질문으로 모순을 끄집어내기

이보다 한 단계 높은 차원으로 질문을 교환해 모순을 끄집어내는 방법도 있다. 솔직하게 대답하기 힘든 질문을 던진 다음 상대의 주장에서 포장된 부분을 적극적이면서 명확하게 밝힘으로써 본심과의 모순을 추궁하는 방식이다.

예를 들어 시민이라면 누구라도 관심을 가져야 할 사건이 있다고 가정하자. 상대방이 그 사건을 두고 겉으로는 관심을 기울이는 척하지만 속으로는 그다지 관심을 두는 것 같아 보이지 않을 때, 다음과 같은 질문을 던짐으로써 상대를 자신이 품고 있는 모순으로 유도한다.

    기자: "의원님께서 이 사건에 관심이 많다고 들었습니다."
    의원: "제 지역구에서 벌어진 일이니 당연히 관심을 가지고 지켜
        보고 있습니다."
    기자: "그럼 이 사건에 대해서도 잘 아시겠네요?"

이렇게 질문을 반복함으로써 상대방이 점점 자기 자신을 포장하게 만들고 나면, 상대방은 어느 순간 말을 무를 수 없게 된다.

    기자: "의원님 말씀을 듣다 보니 그 사건에 관심이 있다고 말씀
        하신 것에 비해 구체적인 진상에 대해서는 잘 모르시는 것
        같습니다."

이와 같은 방식으로 본심과 겉치레의 모순을 추궁해 가는 것이다.

비유의 토포스: 비례식으로 정당화하라

'비유의 토포스'는 "A : B = C : X일 때, X에 들어가는 것은 'A에 대한 C의 비율'과 'B에 대한 X의 비율'이 같도록 해야 한다"라는 비례식에 의한 패턴이다. 수학 공식처럼 느껴질 수도 있기에 다음과 같은 예시를 들어 쉽게 설명하고자 한다.

1. "두 배로 일한 사람에게는 휴가 기간도 두 배를 줘야 하지 않을까요?"
2. "회사원이 공무원에게 '정년이 보장되는 안정된 직업이니 일을 대충대충 하잖아요'라고 비난한다면 회사원 또한 같은 비난을 프리랜서에게 듣는다고 해도 불만을 토로할 수는 없을 겁니다."
3. "다른 사람보다 훨씬 고생했으니, 그만큼 분명 좋은 일이 있을 거예요."

여기서 1번은 관계성이 수치화되어 있기 때문에 가장 이해하기 쉬운 예시다. 바꿔 말하면 '일의 양이 1인 사람에게는 1의 휴가'와 '일의 양이 2인 사람에게는 2의 휴가'는 같은 비율이다. 따라서 전자가 옳다면 그에 비례해서 후자도 인정해야 한다는 구조로 이뤄진 주장이다.

2번 예시의 경우에는 '공무원과 회사원', '회사원과 프리랜서'는 '처지가 안정되어 있는 쪽과 안정되어 있지 않은 쪽'이라는 점에서 같은 비율이 성립된다. 따라서 '상대적으로 안정되어 있지 않은 쪽이 안정되어 있는 쪽을 비난하는 것이 정당하다'가 성립된다면, 그에 동일한 비례로서 '회사원도 자신보다 안정되어 있지 않은 처지인 프리랜서에게 비난을 받아도 마땅하다'는 주장 또한 성립되어야 한다.

3번 예시는 1번 예시와 비슷하지만 관계성이 명확히 수치화되어 있지 않은 패턴이다. 괴로운 일이 있어서 낙심한 사람에게 막연하게 '분명 좋은 일이 있을 거야'라고 말하기보다는 '고생한 만큼 분명 좋은 일이 돌아올 것이다'라고 근거를 갖춰 말하는 편이 상대방에게 더 설득력 있게 받아들여질 것이다.

결과의 토포스: 의도보다는 결과를 강조하라

'결과의 토포스'란 같은 결론을 가져오는 것에는 같은 평가를 내려야 한다는 원리를 이용하는 패턴이다. 쉽게 이해할 수 있도록 다음의 예시를 살펴보자.

1. "그의 스캔들을 열심히 옹호하는 것은 열심히 비난하는 것과 똑같이 그를 상처 주는 일이다. 양쪽 모두 소동을 더욱 크게 키우기 때문이다."
2. "A씨의 의견 또한 B씨의 의견과 마찬가지로 회사를 위하는 것이라고 생각합니다. 두 사람 모두 이야기의 핵심은 '경비를 어떻게 효과적으로 줄일 수 있을까'에 대한 것이기 때문입니다."

1번 예시를 조금 더 쉽게 풀자면 "비난이든 옹호든 '그의 스캔들이 화제가 된다'라는 결과를 가져온다는 점에서는 마찬가지다. 그리고 스캔들이 사람들의 입에 오르내릴수록 그는 상처를 입게 된다. 따라서 비난도 옹호도 똑같이 그를 상처 주는 일이 된다"라는 뜻이다.

아리스토텔레스는 결과의 토포스에 대해 다음과 같이 설명한다.

이 논점을 바탕으로 논하는 경우에는 두 가지 전제 가운데 자신의 변론에 도움이 되는 쪽을 찾으면 된다.

《수사학》 제2권 제23장

즉 결과의 토포스는 비교하는 두 가지가 대등한 경우 서로를 맞바꿔도 성립된다는 것이다. 예를 들어 2번 예시에서는 'A씨'를 옹호하기 위해 같은 일을 한 'B씨'를 인용했는데, 이것을 다음과 같이 맞바꿔서 말해도 마찬가지로 'A'씨를 인용해 'B씨'를 옹호하는 주장이 만들어진다.

3. "B씨의 의견 또한 A씨의 의견과 마찬가지로 회사를 위하는 것이라고 생각합니다. 두 사람 모두 이야기의 핵심은 '경비를 어떻게 효과적으로 줄일 수 있을까'에 대한 것이기 때문입니다."

일관성의 토포스: 현재와 어긋나는 과거를 지적하라

항상 일관된 태도를 유지하며 살기란 쉬운 일이 아니다. 똑같은 질문을 받고서도 당시 기분이나 상황에 따라 대답을 달리 했던 경험이 누구에게나 한번쯤은 있었을 것이다. '일관성의 토포스'는 바로 이러한 현실에 주목한 화법이다. 아리스토텔레스는 일관성의 토포스에 대해 다음과 같은 설명을 덧붙였다.

> 어떤 논점에 관해 일인이라 할지라도 어떤 일이 벌어지기 전에 내린 선택을 벌어진 이후에도 반드시 일관되게 고수할 것이라고 단정 지을 수는 없고, 오히려 전과 반대되는 선택을 할 수 있다는 사실에 기초한 것이다.
>
> 《수사학》 제2권 제23장

일관성의 토포스에 대한 예시를 들자면 다음과 같다.

1. "아니, 부장님. 지난달에 '보고서는 A4 용지로 맞춰!'라고 하셨잖아요?"
2. "안정적인 직업이 괜찮겠다고 공무원 시험을 준비한다며 그

난리를 치더니, 이제는 또 자유로운 게 끌린다고 프리랜서가 되겠다는 거야?"

두 예시를 자세히 살펴보면 일관성의 토포스란 상대방의 현재 주장과 모순되는 과거의 발언이나 행동을 끄집어내 현실과 충돌시키는 형식이다.

참고로 일관성의 토포스를 조금 더 적극적으로 활용하면 '전례'를 이용한 화법이 되는데, 그런 점에서는 앞서 소개한 기결의 토포스와도 유사한 부분이 있다.

3. "이전에 잘된 사례도 있었습니다. 그러니 진행해 봅시다."
   (긍정하고 싶은 경우)
4. "전례에 없던 일이니 허락할 수 없다." (부정하고 싶은 경우)

물론 현실에서 이러한 '전례'가 설득력을 갖는 상황은 전례의 결과가 '옳다' 혹은 '잘되었다'인 경우로 한정될 것이다.

억측의 토포스: 근거 없는 무의식을 근거로 활용하라

'억측의 토포스'란 누군가 어떤 행동을 일으켰을 때 주변의 많은 사람들이 무리 없이 추측할 수 있는 동기를 마치 진짜 동기인 것처럼 주장하는 화법이다. 자신과 대립하는 상대방이 이런 방법을 사용한다면 만만찮은 골칫거리가 될 수 있다.

1. "그런 사람을 소개시켜 준 이유는 분명 내가 차이는 모습을 보고 싶어서였을 거야!"
2. "부장님께서 기획안을 그렇게 반려한 이유는 분명 자네를 더 가르치고 싶어서였을 거야."

1번 예시를 보면 알 수 있듯이 보통은 이와 같은 이야기는 '비열한 억측'이기 때문에 설득력을 가질 수 없다. "그럴 리가 없잖아!"라고 반론하면 그만이기 때문이다.

그러나 '나'와 '그 사람'을 주변에서 봤을 때 아무래도 처음부터 어울리지 않을 것 같았던 경우라면 억측이라도 설득력을 가질 수 있다. 게다가 차인 이야기를 들은 주선자가 비웃는 듯한 반응을 보였다는 외형적인 근거까지 갖춰진다면 억측은 더욱 큰 설득력을 얻는다.

2번 예시에서도 마찬가지다. 부장이 기획안을 거듭 반려하는 이유가 단순히 내용이 나빠서인지 아니면 기획안을 작성하는 교육을 시키는 건지 그것도 아니면 그저 하급자를 괴롭히는 것인지 제삼자가 외부에서 파악할 수 있는 근거가 없는 이상, 부장 본인밖에는 그 진상을 알 수 없다.

다시 말해 억측의 토포스는 본인보다도 주위 청중을 의식하는 방식이다. 주위에서 듣고 있는 사람은 진짜 동기가 어찌 되었든 그렇게 보이는 외형적인 조건만 갖춰져 있다면 '그럴 수도 있지'라고 납득하기 때문이다.

반론하기 쉽지 않은 억측의 토포스

이런 표현은 오늘날 대화에서 더욱 강력한 무기가 될 수 있다. 아리스토텔레스가 살던 시대와는 달리 '무의식'이라는 개념이 우리 일상 속에 이미 자리 잡고 있기 때문이다. 이 무의식을 활용하면 본인이 잘못한 경우라고 할지라도 억측의 토포스를 성립시킬 수 있다. 예를 들어 앞서 제시한 1번 예시와 같은 이야기를 들은 주선자가 "그럴 리가 없잖아!"라고 부정했을 때 다음과 같이 억측의 토포스를 활용해 재반박할 수 있다.

3. "아니, 너는 마음속 어딘가에서 내가 차이는 모습을 보고 싶었던 거야. 그러니까 무의식중에 내가 차일 것 같은 남자를 소개해준 거지."

이러한 반응에 "바보 같은 소리 하지 마!"라고 더욱 크게 화낼 수도 있겠지만, 막상 이런 말을 들으면 상대방은 반론하기가 쉽지 않다. 무의식에서 비롯된 행동에 대해서는 본인도 확언할 수 없기 때문이다.

안타깝게도 억측의 토포스를 교묘하게 악용하는 경우는 현실에서도 쉽게 찾아 볼 수 있다. 하지만 이에 대한 자세한 사례를 제시하는 것은 이 책의 주제와 어긋나기에 이쯤에서 정리하고자 한다.

있을 수 없는 일의 토포스:
엉뚱하기에 오히려 그럴듯해진다

'있을 수 없는 일의 토포스'는 '현실에서 일어나지 않을 법한 일이야말로 일어나는 법이다'라는 다소 억지스러운 주장을 활용한 화법이다. 주로 엉뚱하게 느껴질 법한 주장을 전개할 때 사용하면 유용하다. 구체적으로는 다음과 같이 쓰인다.

1. "스마트폰 하나만 봐도 그래. 우리가 어렸을 때에는 상상하지도 못했던 기계잖아? 그러니 '지금 생각할 수 없다'는 게 '앞으로도 불가능하다'는 주장의 근거가 될 수는 없어."
2. "그 대지진 역시 생각지도 못한 일이었는데 일어났잖아요. 예측 불가능한 일일수록 제대로 대책을 생각해두는 편이 좋지 않을까요?"

있을 수 없는 일의 토포스는 청중이 확실한 근거를 갖고 '절대로 그럴 리가 없다!'라고 생각하는 상황에서는 별다른 힘을 발휘하지 못하겠지만, '왠지 모르겠지만 그럴 수도 있겠다'라고 생각하는 경우에는 효과적으로 쓰일 수 있다. 후자와 같은 성향을 가진 청중은 **'일어나지 않을 것 같은 일이야말로 있어날 수 있다'**라는 소리를 들으면 아무 근거가 없음에도 '있을 것 같다'는 생각에 사로잡히기 때문이다.

있을 수 없는 일의 토포스에 1번 예시의 '스마트폰 하나만 봐도 어린 시절에는 상상하지도 못했던 기계잖아?'나 2번 예시의 '그 대지진 역시 생각지도 못한 일이었잖아요'와 같이 '일어날 리 없을 줄 알았는데 실제로 일어난 일'에 대한 구체적인 사례를 보탠다면 설득력은 더욱 높아지게 된다.

아리스토텔레스는 이와 같은 사례로 '물고기에도 소금이 필요하고, 올리브 찌꺼기에도 기름이 필요하다'(《수사학》 제2권 제23장)라는 말을 했다. 염수에 담겨 있던 물고기도 장기 보관을 하기 위해서는 다시 소금을 써서 절여야 하고, 기름을 다량 함유하고 있는 올리브일지라도 그것으로 과자를 만들기 위해서는 새롭게 기름을 써야 한다. 이처럼 있을 수 없는 일의 토포스에는 **'있을 수 없을 것 같은 일도 벌어지는 것이 현실이다'**라는 의미가 담겨 있다.

그리고 이 토포스는 '무리일 것 같다'나 '어려울 것 같다'와 같은 고난도의 문제 상황에서도 곧잘 사용된다. 예를 들면 다음과 같다.

3. "이 다이어트 방법은 지금까지 계속 실패해 온 분들에게야 말로 딱 맞습니다!"

이런 얘기가 설득력이 있는 것처럼 들리는 까닭은 역설적으로 지금까지 실패해 온 사람들을 대상으로 삼았기 때문이다. 상식적으로 생각한다면 지금까지 다른 방법으로 다이어트에 성공하지 못한 사람은 이번에도 실패할 가능성이 높은데, 있을 수 없는 일의 토포스는 이를 역으로 활용함으로써 설득력을 더욱 높였다.

귀납의 토포스: 공통점을 찾아 법칙을 유도하라

'귀납'이란 다수의 개별적인 사례에서 공통점을 찾아 보편적인 법칙을 유도해내는 방법이다. 오늘날에도 귀납법은 연역법과 대비되는 형태로 널리 쓰이는데, 이러한 방식은 이미 아리스토텔레스가 살았던 시기부터 있어 왔다. 다만 사고의 도구로서 모든 분야에 귀납법을 적용한 사람은 아리스토텔레스가 처음일 것이다.

귀납의 토포스는 얼핏 거창해 보일 수도 있지만 실제로 그리 어렵지는 않다. 일상에서도 흔하게 찾을 수 있는 패턴으로, 예를 들면 다음과 같다.

1. "요즘 편집장님이 다이어트 특집이나 디저트 카페 탐방, 별자리 점 같은 기획만 받아들이고 있는데, 잡지 방향을 아예 여성지 쪽으로 잡아나갈 생각인가?"
2. "아주 중요한 결전의 날에는 공을 던질 때 항상 오른쪽 다리에서부터 시작합니다. 지역대회 결승전 때도, 현 대표 결정

전 때에도, 갑자원에 진출했을 때에도, 잘된 시합에서의 투구 동작은 항상 오른쪽 다리부터였습니다."

1번 예시의 경우 '다이어트 특집 기획이 채용되었다', '디저트 카페 탐방 기획이 채용되었다', '별자리 점 기획이 채용되었다'라는 개별적인 정보들 사이에서 여성 독자를 대상으로 하고 있다는 공통점을 찾아 '잡지 정체성을 여성지로 전환할 예정이다'라는 법칙을 유도했다. 이것이 바로 귀납의 토포스다.

2번 예시를 가리켜 흔히 '징크스'라고 부르는데, 이 또한 귀납법에 의한 것이라고 할 수 있다. 애초에 징크스란 과거에 벌어진 일들에서 공통점을 찾은 다음 이를 법칙으로 유도함으로써 자기 나름의 제약이나 행동 규칙을 만드는 것이기 때문이다.

사례는 많아야 하고, 반례는 없어야 한다

물론 징크스가 맞지 않는 경우가 많듯이 귀납으로 유도된 법칙 또한 절대적이지는 않다. 그러나 현실에서 올바르게만 사용한다면 충분한 설득력을 가질 수 있다. 그렇다면 여기서 '올바른 사용법'이란 무엇이며, 귀납의 토포스를 올바르게 활용하기 위해서는 무엇을 신경 써야 할까?

첫째, 충분한 양의 개별 사례를 준비한다.

예를 들어 50명이 소속된 동네 야구팀에서 장타력을 가진 두 사람을 예로 들면서 '이 팀에는 홈런 타자가 많다'는 법칙을 유도해 주장해 봤자 설득력을 가질 수 없다. 누군가 "다른 선수들은 어떤데?"라고 반론하면 법칙은 성립되지 않기 때문이다. 귀납에 의한 토포스는 예시가 지나치게 적으면 설득력을 잃는다.

둘째, 반례가 없는지 확인한다.

반례란 유도된 법칙에 해당하지 않는 사례를 가리킨다. 1번 예시를 두고 이야기하자면 "여성들이 좋아할 법한 소재들 중에서 패션 기획은 통과되지 않았잖아?"라는 반론이 나오는 순간 설득력은 떨어진다. 반례는 단 하나만 있어도 귀납법을 무너트리는 데 충분한 힘을 발휘한다. 그러니 항상 이 점에 주의하도록 하자.

또 하나의 논리적인 말의 기술, 예증

지금까지 아리스토텔레스가 고안한 논리적 화법 가운데 하나인 '생략삼단논법'에 대해 다뤄 왔다. 앞에서 이야기한 내용을 다시 정리하자면 생략삼단논법이란 '○○이기 때문에 ××이다', '○○이라고 하면, ××이다', '××이다, 왜냐하면 ○○이기 때문이다'와 같이 '○○'를 근거로 삼아 결론 '××'를 설명하는 방식으로, 설득력을 높이거나 이야기가 잘 통하게 만들기 위해 마련된 말의 도구다. 그리고 토포스란 그것을 만들어내기 위한 설득 모델이다.

나아가 생략삼단논법 외에도 또 하나의 논리적인 화법을 소개했다. 바로 '예증'이다. 예증이란 어떤 것을 주장하고 싶을 때 몇 가지 유사한 사례를 제시함으로써 주장이 참임을 증명하는 방식이다. 이렇게 이야기하면 앞서 나온 귀납의 토포스에 의한 생략삼단논법과 똑같다고 생각할 수도 있다. 그러나 예증은 얼핏 귀납을 바탕으로 삼고 있는 것처럼 보일 수는 있지만, 자세히 들여다보면 조금 다른 차이점을 찾을 수 있다.

예증이란 개별 사례로 개별 사례를 주장하는 것이다

그 차이에 대해 아리스토텔레스는 다음과 같이 설명한다.

예증은 결론 지어진 숙제에 대해 '부분의 전체에 대한 관계'도 아니고, '전체의 부분에 대한 관계'도 아니며, '전체의 전체에 대한 관계'도 아니다. 예증은 '부분의 부분에 대한 관계'이자, '비슷한 것의 비슷한 것에 대한 관계'에 있다.

《수사학》 제1권 제2장

인용문에 나온 '부분의 전체에 대한 관계'를 이용한 논법이란 다음에 나오는 예시처럼 각각의 경우로부터 보편적인 주장을 끄집어내는 형식으로, 귀납의 토포스와 같다.

1. "그 양도, 이 양도 모두 털북숭이다. 그러니까 양이라는 동물은 털북숭이일 것이다."

다음으로 '전체의 부분에 대한 관계'를 이용한 논법이란 다음에 나오는 예시처럼 보편적인 명제에서 개별적인 주장을 유도하는 형식을 가리킨다.

2. "모든 양은 털북숭이다. 따라서 이번에 오는 양도 털북숭이일 것이다."

이어서 '전체의 전체에 대한 관계'를 이용한 논법이란 다음에 나오는 예시처럼 보편적인 명제에서 보편적인 명제를 결론짓는 형식을 의미한다.

3. "모든 동물은 감각을 갖는다. 그러므로 모든 양도 감각을 가지고 있을 것이다."

그리고 여기에서 다루는 '예증'이란 앞에서 소개한 세 가지와는 다르다. 다시 말해 다음에 나오는 예시에서 확인할 수 있듯 '부분의 부분에 대한 관계'이자 '비슷한 것의 비슷한 것에 대한 관계'를 이용한 논법이다.

4. "일본의 양은 털북숭이다. 그러니까 뉴질랜드의 양도 털북숭이일 것이다."

이것은 바꿔 말하면 **'구체적인 개별 사례를 근거로 구체적인 개별 사례를 주장하는 것'**과 같다. 오늘날 우리가 흔하게 접할 수 있는 상황에 빗대자면 다음과 같다.

5. "이번에 교토 지점장으로 발령이 났다며? 그럼 본사 임원이 되는 것도 시간문제겠네. 요시다 씨도 교토 지점장을 거친

다음 본사 임원이 되었고, 하마다 씨도 똑같은 코스로 승진 했잖아?"

5번 예시에서는 '요시다는 교토 지점장 후에 본사 임원이 되었다', '하마다도 교토 지점장 후에 본사 임원이 되었다'라는 두 개의 개별 사례를 근거로 들어 '당신 또한 교토 지점장을 거쳐 본사 임원이 될 것이다'라는 추측을 내놓았다. 여기에는 근거와 결론을 연결 짓는 '교토 지점장을 거쳤던 모든 직원은 본사 임원이 되었다'라는, 귀납을 통해 유도해야 할 보편적인 명제가 생략되어 있다.

이와 같이 '예증'은 근거와 결론을 잇는 보편적인 명제를 생략하고 개별적인 사례를 근거로 직접 개별 사례를 설명하며 주장을 전개한다는 특징을 가지고 있다.

예증은 '절대로', '반드시'가 아니라도 괜찮다

이런 설득 방법에는 한 가지 이점이 있다. 바로 **중간에 들어가는 보편적인 명제가 다소 이상하더라도 직접 개입해 해명할 필요가 없다**는 것이다.

예를 들어 앞의 예시에서 "교토 지점장을 거치면 본사 임원이 된다"라고 단언한다면 "진짜 모든 교토 지점장 출신들이 본사 임원으로 승진한 거야?"라고 상대가 반문하는 경우가 생길 수 있다. 예증은 이러한 반론을 피해서 주장을 내세울 수 있다.

다시 말해 주장하고 싶은 것과 비슷한 사례들만 모은다면 '요시다 씨도 그렇게 승진했고, 하마다 씨도 마찬가지잖아. 당장 이번에 승진한 이사님도 교토 지점장 출신이고 말이야. 그러니까 이번에도 그럴 거야라고 다소 억지스러울지언정 주장할 수 있는 것이다. 그런 의미에서 예증은 긴급 상황을 회피하고자 하는 용도로 마련된 논법이라고 할 수 있다.

설득력을 높이려면 생략삼단논법에 예증을 보태라

예증을 사용할 때에는 몇 가지 주의할 사항이 있다. 바로 근거가 되는 쪽의 개별 사례는 상대가 납득을 끝낸, 잘 알려져 있는 '상식'이어야 한다는 것이다. 이에 대해 아리스토텔레스는 "동일한 종류에 속한 두 가지 가운데 한쪽이 다른 쪽보다 더 널리 알려져 있는 경우에는 더 널리 알려진 쪽이 다른 한쪽의 예증이 된다"(《수사학》 제1권 제2장)라고 설명했다.

반복해서 강조하지만, 청중에게 익숙하지 않은 사실을 일방적으로 근거로 삼아 봤자 설득력은 생기지 않는다. 앞의 예시에 빗대 설명하자면 '요시다는 교토 지점장을 거쳐 본사 임원이 되었다', '하마다도 교토 지점장을 거친 다음 본사 임원이 되었다'라는 두 가지 사실이 듣는 사람에게 잘 알려져 있지 않았다면 '요시다랑 하마다란 사람이 도대체 누군데?'라는 의문만 들 뿐 설득력을 가지기는 어려울 것이다.

예증은 생략삼단논법의 증언이다

예증에는 근거와 결론을 이어줘야 할 보편적인 명제가 생략되어 있기 때문에 생략삼단논법에 비해 설득력도 다소 떨어진다. 따라서 아리스토텔레스는 예증을 생략삼단논법의 보조로 다뤄야 한다고 설명한다. 그렇다면 구체적으로 예증을 설득에서 어떤 식으로 활용해야 할까?

> 생략삼단논법의 뒤에 나오는 예증은 증언과 비슷한 역할을 한다. 또한 증언은 언제 어떤 경우에든지 설득력을 가진다.
>
> 《수사학》 제2권 제20장

즉 생략삼단논법이 끝난 후에 덧붙이듯이 예증을 활용하면 설득력을 높일 수 있다. 이른바 **'쐐기를 박는 효과'가 있다**는 것이다. 다음 예시를 살펴보자.

생략삼단논법 1: "교토 지점장은 우리 회사의 전체적인 움직임을 볼 수 있는 위치다. 따라서 본사 임원으로 가는 출세 코스가 되고 있다."

생략삼단논법 2: "이번에 교토 지점장이 된 당신도 그 출세 코스에 오른 셈이다. 따라서 본사 임원이 될 날도 머지않았다."

이와 같이 통상적인 생략삼단논법을 전개하면서 그 뒤에 다음과 같이 예증을 덧붙이는 것이다.

예증: "그 증거로 요시다 씨와 하마다 씨도 교토 지점장을 거친 다음 본사 임원이 되었다."

이렇게 예증은 생략삼단논법을 뒷받침하는 '증언'의 역할을 수행함으로써 주장의 설득력을 더욱 강화시킨다.

정리 노트

- 'ㅇㅇ이기 때문에 ××이다'라고 이야기하면, 단순히 '××'라고 주장하는 것보다 논리적으로 들린다.
- 설득은 내가 아닌 상대방이 가지고 있는 '상식'에서부터 시작해야 한다.
- 근거는 가능한 한 짧고 명료하게 제시해야 한다. 지나치게 자세한 근거는 역효과만 불러일으킨다.
- 근거가 되는 'ㅇㅇ이기 때문에'에서 'ㅇㅇ'은 개별적이고 구체적일수록 설득력이 높아진다.
- '토포스'를 사용하면 이야기가 훨씬 논리적으로 들리면서 설득력 또한 높아진다.
- 열네 가지 토포스에서 '따라서' 이후에 자신의 주장을 넣으면 나도 모르게 말의 설득력이 높아진다.
  - 정의의 토포스: 'A란 B다. 따라서 …'
  - 반대의 토포스: '반대의 것에는 반대의 성질이 있는 법이다. 따라서 …'
  - 상관의 토포스: '한쪽에 해당한다면 다른 한쪽에도 마찬가지로 해당해야 한다. 따라서 …'
  - 기결의 토포스: '이미 과거에 ㅇㅇ라는 결론이 났다. 따라서 …'
  - 비교의 토포스: 'A에게조차 무리다. 따라서 B에게는 더욱 무리다.'
    'ㅇㅇ도 성공했다. 따라서 ××의 성공은 당연하다.'

'A와 B는 동등하게 다뤄야 한다. 따라서 …'
- 분할의 토포스: 'A는 a와 b와 c로 이뤄져 있다. 따라서 …'
- 선악의 토포스: '어떤 일의 좋은 면만 제시한다. 따라서 …'
              '어떤 일의 나쁜 면만 제시한다. 따라서 …'
- 본심과 포장의 토포스: '상대의 본심과 포장된 언행의 모순을 지적한다. 따라서 …'
- 비유의 토포스: 'A : B = C : X일 때, X에 들어가는 것은 A에 대한 C의 비율과 같은 B에 대한 X여야 한다. 따라서 …'
- 결과의 토포스: '같은 결과를 가져오는 일에는 같은 평가가 내려져야 한다. 따라서 …'
- 일관성의 토포스: '의견과 행동에는 일관성이 있어야 한다. 따라서 …'
- 억측의 토포스: '내 생각에 A는 B임에 틀림없다. 따라서 …'
- 있을 수 없는 일의 토포스: '일어나지 않을 법한 일이야말로 일어나는 법이다. 따라서 …'
- 귀납의 토포스: 'A도 B도 C도 ○○였다. 따라서 …'

- 논리적으로 말하는 방법에는 '생략삼단논법'과 '예증', 두 가지가 있다. 아리스토텔레스는 생략삼단논법이야말로 설득력의 핵심이라고 했다.

- 생략삼단논법의 기본형은 '근거인 ○○이기 때문에 주장인 ××이다'라고 할 수 있다.

- '××이다'라는 주장에서 한 걸음 더 나아가 '○○이기 때문에 ××이다'라고 할 때 설득력이 높아진다.

- '○○이기 때문에 ××이다. 예를 들어'와 같이 '생략삼단논법 + 예증'의 구조로 이야기하면 설득력은 더욱 높아진다.

- 근거가 되는 '○○'는 개별적이고 구체적이어야 설득력이 높아진다.

Chapter 4

듣는 사람을 장악하는
말의 심리학

감정을 조종해서 대화를 지배하는 법

어떻게 말해야 듣는 사람의 감정을 조종할 수 있을까?

제3장에서는 '논리적인 화법'과 '내용의 올바름'에 의한 설득에 대해 설명하면서 구체적인 말의 기술인 '토포스'를 함께 소개했다. 그러나 제2장에서 이미 언급했듯이 이런 '내용'에 의존하는 설득은 아리스토텔레스의 변론술이 다루는 수많은 방법 가운데 하나에 지나지 않는다.

중요한 내용이기에 한 번 더 짚고 넘어가자면 누군가를 설득하려고 할 때 **'말하는 내용만 논리적이라면 얼마든지 상대방을 설득할 수 있다', '옳은 주장은 항상 통하는 법이다'**라고 생각하는 것은 순진하고 안일한 기대일 뿐이다. 현실에서는 말하고 들을 때 말하는 사람의 인성이나 듣는 사람의 감정 또한 고려해야 한다.

아리스토텔레스의 변론술이 대단한 점은 논리적인 화법을 중시하면서도 이러한 현실을 인정해 '듣는 사람의 기분'과 '말하는 사람의 인성'까지 아울렀기 때문이다. 사람의 감정을 결코 가볍게 여기지 않고 사려 깊게 다루면서, 감정에 호소하는 방법까지 함께 설명한 것이다.

지금부터는 설득력을 높이는 세 가지 화법 가운데 두 번째인 '청중의 감정 유도'에 대해 설명하고자 한다. 듣는 사람의 기분을 조종한다는 청중의 감정 유도란 과연 무엇인지, 청중의 감정을 지배해서 자신의 주장을 유리하게 이끌어 가는 말하기 기술에는 무엇이 있는지 살펴보자.

선동, 감정을 악용해 사람을 조종하는 기술

본격적인 이야기에 앞서 잠시 화제를 다른 쪽으로 전환해, 인터넷상에서 종종 문제를 일으키는 '여론 선동'에 대해 이야기하고자 한다. 여론 선동은 극단적인 발언을 해 주목을 끌거나, 일부러 감정을 자극하는 글을 올리면서 그 글을 읽는 이나 자신이 지목한 특정 대상을 도발하거나, 논의에 참가한 사람들을 부추겨 토론의 분위기를 과열시키려고 하는 행위를 가리킨다.

대개 선동을 당한 측에서는 감정이 북받쳐 선동 당사자가 지시한 대상을 공격하거나 또는 선동을 주도한 사람에게 보복해야만 마음이 풀리게 된다. 사회적으로 문제가 되는 이른바 악플도 끝까지 추적해 보면 선동 당사자에 의한 선동 발언이나 혹은 악플을 주도한 제3자에 의한 도발이 원인일지도 모르겠다.

그렇다면 이 '선동'의 정체는 무엇일까? 아리스토텔레스처럼 말하자면 재판관과 같이 듣는 사람에게 어떤 종류의 감정을 떠안기는 '감정 유도를 수반하는 언론'이다. 특히 '선동'을 둘러싼 감정은 '분노'다.

이러한 감정 유도를 수반하는 언론 자체가 도덕적으로 괜찮은 것인지 또는 아닌지에 대해서는 사람에 따라 평가가 달라질 것이다. 그러나 여기서 이해해야 할 것은 **청중에게 특정 감정을 심는 말의 기술이 현실에서는 상당한 위력을 발휘한다는 사실이다.**

아리스토텔레스가 분석한 '토론의 심리학'

아리스토텔레스는 듣는 사람의 기분, 즉 감정을 '분노', '온화', '우애', '증오', '두려움', '대담', '부끄러움', '몰염치', '친절', '불친절', '연민', '의분', '질투', '경쟁심'이라는 열네 종류로 분류했다.

그리고 아래 인용문과 같은 관점에서 분석함으로써 실제 토론이나 설득을 시도하는 현장에 자신이 연구한 감정을 활용하는 방법을 적용하고자 했다.

> 감정은 세 가지 관점으로 나눠서 바라봐야 한다. 분노로 예를 들자면 '마음이 어떤 상태에 있을 때 화가 나는지, 주로 어떤 사람에게 화를 내는지, 그리고 어떤 일로 화가 나는지'라는 세 가지 관점이다.
>
> 《수사학》 제2권 제2장

아리스토텔레스는 인용문에서 설명한 세 가지와, 그 전제가 되는 '정의'까지 더해 감정을 네 가지 특성으로 분석했다.

1. 각각의 **'감정의 정의'**
2. 그 감정을 가졌을 당시 **'마음의 상태'**
3. 그 감정이 **'향하는 상대'**
4. 그 감정을 **'일으키는 원인'**

《수사학》에서 분류한 이 네 가지 특성은 '토론의 심리학'이라고 부를 만한 흥미로운 내용으로 구성되어 있다. 그러나 이 책에서는 모든 분석에 대해 상세히 다루기보다는 실생활에서 유도하기 쉬운 감정을 우선적으로 다루고자 한다.

감정을 유도하려면 이것에 주의하라

지금부터는 아리스토텔레스가 분석한 각 감정의 특징들과 실제 토론에서 청중의 감정을 장악하는 방법을 소개하고자 한다. 단, 그 전에 듣는 쪽의 감정을 유도하는 데에도 몇 가지 주의사항이 있으니 함께 짚어 보자.

감정 유도는 보조 수단으로만 활용한다

감정의 유도는 '보조적'으로만 활용해야 한다. 제1장에서 소개했듯이 아리스토텔레스 이전의 변론술은 청중의 감정에 호소해 소송이나 토론에서 이기려는 방식에서 크게 벗어나지 못했다.

그러나 아리스토텔레스가 알려 주는 변론술에서 그 핵심은 논리적인 화법인 생략삼단논법이며, 감정 유도는 어디까지나 보조 수단일 뿐으로 토론에서 해결해야 할 당면 문제와는 동떨어진 기술이다. 이것이 《수사학》에 담긴 아리스토텔레스 변론술의 기본적인 관점이다.

청중의 감정을 지배하는 기술은 예나 지금이나 설득의 과정이나 토론에서 강력한 힘을 발휘한다. 법정 영화나 드라마에서 실력 좋은 변호사가 배심원의 감정을 자극하면서 자신의 주장을 피력하는 장면을 본 적이 있을 것이다. 그보다 피부로 느껴지는 일상에서 사례를 들자면 텔레비전 뉴스에서 사건 사고를 전달하며 교묘하게 감정 유도를 시도하는 상황을 쉽게 꼽을 수 있다.

당연하겠지만 **감정 유도만으로는 토론을 올바른 결론으로 유도하거나 타인을 진정한 의미에서 설득할 수 없다.** 설령 감정 유도를 통해 결론 같은 것이 나오거나, 설득이 된다고 해도 장기적으로 봤을 때에는 좋지 않은 결과를 맞이하기 마련이다. 이와 같은 사실은 토론할 때 '감정론'을 호소하는 사람들이 비난받는 것만 봐도 쉽게 알 수 있다.

감정은 이론이 아니다

또한 실제로 감정 유도를 시도할 때 생략삼단논법과 같은 형태를 취해서는 안 된다. 왜 그런지에 대해 아리스토텔레스는 다음과 같이 설명한다.

청중의 감정에 호소할 때에는 생략삼단논법을 사용해서
는 안 된다. 이와 같은 시도는 감정과 생략삼단논법을 충
돌시킴으로써 둘 다 상쇄되거나 또는 약화되는 결과만 불
러일으킨다. 그렇게 되면 불러오려는 감정만 쫓겨나거나
생략삼단논법 자체가 쓸모없어진다.

《수사학》 제3권 제17장

이를 간략하게 정리하자면 감정 유도에서 'ㅇㅇ이다. 따라서 당신은 분노해야만 한다'와 같은 생략삼단논법의 형태는 소용없다는 것이다. **감정은 이론이 아니므로, 아무리 그럴듯한 근거를 바탕으로 설득한다 해도 원하는 결과를 맞기란 쉽지 않기 때문이다.**

예를 들어 '살인 사건의 피해자도 당신의 가족과 똑같은 인간이다. 그러니까 당신은 뉴스에서 살인 사건을 볼 때마다 가족이 살해당한 것처럼 슬퍼해야 한다'라는 비교의 토포스를 활용한 주장을 들었다고 가정하자. 분명 논리적으로는 맞는 말이다. 그러나 그렇다고 해서 우리가 뉴스를 볼 때마다 눈물을 흘리지는 않을 것이다. 따라서 감정 유도에서는 생략삼단논법과 같이 'ㅇㅇ이니까 ××이다'라고 설명해도 기대한 효과를 얻을 수 없다.

또한 어떤 사람들은 토론을 유리하게 끌고 가기 위해 상대방의

감정을 유도하는 행위 자체를 좋지 않게 보기도 한다. 그들의 가치관은 충분히 이해할 수 있다. 다만 현실에서는 자신이 사용하지 않는다고 해도 감정 유도라는 말의 기술이 어떻게 토론을 좌우하는지, 그리고 어떤 결과를 불러일으키는지 알아둘 필요가 있다. **토론에서 상대방의 화술로부터 스스로를 지키기 위해서는 그 공격 방식에 대해 알고 있어야 하기 때문이다.**

만약 감정 유도가 비겁하다고 생각한다면, 그런 수단에 지지 않기 위해서라도 감정 유도에 대해 잘 알고 있어야 한다. 특히 매스컴이 이끄는 대로 끌려가고 싶지 않다면 더욱 제대로 배워 둬야 하는 기술이며, 감정론에 휘둘리지 않고 사안의 본질을 간파하기 위해서도 꼭 알아야 하는 기술이다.

이제부터는 감정의 정체와 감정을 유도하는 방법에 대해 설명하고자 한다. 참고로 이 책에서는 앞서 나열한 열네 종류의 감정 모두를 설명하지는 않을 것이다. 아리스토텔레스가 분류한 감정들을 살펴보면 다른 감정과 서로 겹치거나 한 가지를 이해하면 이와 연관 지어 미루어 짐작할 수 있는 것이 많기 때문이다. 그래서 오늘날 우리에게 특히 중요하며 설득에 효과적으로 쓰이는 다섯 감정에 집중하고자 한다.

분노: 청중의 마음에 고통을 강요하라

앞서 '선동'에서도 설명했지만, 분노라는 감정으로의 유도는 여전히 자주 사용되고 있으며 그만큼 매우 효과적이다.

사람은 어떤 순간에, 무엇에, 왜 화를 낼까? 분노라는 감정의 작용 원리를 이해하면 청중이 자신과 반대되는 의견을 가진 사람에 대해 분노를 품도록 유도할 수 있다. 나아가 반대로 청중의 분노가 자신에게 향하는 위험을 미리 막을 수도 있다.

아리스토텔레스는 분노를 다음과 같이 정의하고 있다.

> 분노는 누군가가 정당한 이유 없이 자신 혹은 자신에게 속한 무엇인가를 노골적으로 경멸한 데 대해 노골적인 복수를 하고자 하는, 고통을 수반한 욕구다.
>
> 《수사학》 제2권 제2장

아리스토텔레스의 설명에 따르면 분노의 원인은 '타인이 자신을 경멸'하는 데 있다. 즉 **인간은 누군가로부터 경멸을 받았을 때 분노한다.**

인간은 언제 분노하는가?

그렇다면 '경멸'이란 구체적으로 어떤 것일까? 아리스토텔레스는 경멸에 대해 다음과 같이 설명하고 있다.

> 경멸이란 어떤 대상에 대해 명백하게 아무런 가치도 없다고 여기는 마음속 생각이 확실한 형태를 가지고 현실로 드러나는 것이다.
>
> 《수사학》 제2장 제2권

다시 설명하자면 **경멸이란 '당신에게는 제대로 상대할 말한 가치가 없다'는 생각을 노골적으로 드러내는 태도**를 가리키며, 타인으로부터 그런 취급을 받고 있다고 느낄 때 인간은 분노한다.

아리스토텔레스의 설명에 따르면 경멸에는 구체적으로 **'무시'와 '괴롭힘', '모욕'이라는 세 가지 형태**가 있다.

'무시'가 경멸이 되는 까닭은 앞에서 소개한 경멸의 정의를 봐도 알 수 있을 것이다. 애초에 무시란 '상대할 가치가 없다'라는 메시지이기 때문이다. 참고로 말을 섞지 않거나 눈을 마주치지 않는 것과 같은 알기 쉬운 태도뿐만 아니라 "네, 네" 하고 대충 응대하는 것 역시 여기에 포함된다.

다음으로 '괴롭힘'이 경멸이 되는 이유는 애초에 괴롭힘에는 '상대로부터 대단한 반격은 없을 것이다'나 '친해져도 별로 득 될 것이 없다'라는 생각이 깔려 있기 때문이다. 두 생각 모두 상대방을 가볍게 보는 데에서 떠오르는 것들이다.

마지막으로 '모욕'이 경멸이 되는 이유 또한 상대방을 모욕하는 행위 자체가 우월감, 즉 상대를 내려다보는 기분을 바탕에 깔고 있기 때문이다.

이 세 가지 태도의 공통점은 '특별히 이익이 되는 것도 아닌데', '내가 이렇게 행동한다고 해서 보복을 당할 것도 아닌데'라는 생각을 전제로 가지고 있다는 것이다. 즉 '특별한 이유 없이' 무시나 괴롭힘을 당하거나 혹은 모욕을 당했을 때, 인간은 경멸당했다고 느끼며 분노한다.

청중의 분노를 나의 힘처럼 활용하는 방법

앞에서 '무시', '괴롭힘', '모욕'이 상대에게 분노라는 감정을 불러일으키게 하는 원인이 된다고 설명했다. 이러한 감정의 작용을 잘 활용하면 청중의 분노를 자신이 특정한 대상에게 쏟아지게 만들 수 있다. 다시 말해 그 특정 대상의 적당한 행위를 선정한 다음 그 행위가 청중에 대한 '무시', '괴롭힘', '모욕'이라고 주장함으로써 청중에게 분노라는 감정을 끌어낼 수 있다. 예를 들어 자신이 싫어하는 시장에게 청중들의 분노가 쏟아지도록 만들고 싶다면 다음과 같은 방식으로 감정 유도를 시도할 수 있다.

유도: "시장이 우리의 민원을 완전히 무시한 것 같습니다."
청중: "왜 시장이 우리를 무시한다고 생각하시는지요?"
유도: "딱히 이유 같은 게 있겠습니까? 그냥 우리를 바보 취급하는 거지요."

가령 시장이 검토 끝에 미진함을 발견해서 민원을 받아들이지 않은 정상적인 상황에 대해서도 '민원인이 만만해 보였는지 무시했다'라고 단정한다면 청중으로부터 분노를 끌어낼 수 있다. 마찬가지로 '불만을 가진 시민을 괴롭히려고 멀쩡한 민원을 돌려보낸 것이다'나 '민원을 무시한 것은 곧 우리 시민에 대한 모욕이다'라고 할 수도 있다.

여기서 핵심은 '이유도 없다'라는 요소다. 납득할 만한 이유도 없이 그런 행위를 당했을 때 사람은 모멸감을 느끼고 분노한다. 따라서 분노를 부추겨 청중을 아군으로 활용하고 싶다면, **지정한 대상의 행위에 그 나름의 합당한 이유가 있었다고 할지라도 그점**

을 숨기는 것이 중요하다.

앞에서 나온 예시로 보자면 시장이 민원을 받아들이지 않은 데 대해 합당한 이유가 있다고 하더라도 분노를 유도하는 쪽에서는 '이유 같은 건 없다'나 '대단한 이유도 없는데'라는 식으로 그 이유를 숨길 필요가 있는 것이다.

뒤집어 생각해 보자면 분노로 유도하는 기술은 감정 유도를 설계하는 누군가의 주장에 우리가 휘둘리지 않기 위해 혹은 피해를 입지 않기 위해서는 어떻게 행동하면 좋을지에 대해서도 알려준다. 즉 어떤 대상을 함락시키고자 **감정 유도를 시도하는 사람이 그 대상이 본래 갖고 있던 행동의 이유를 우리에게 숨기고 있는 것은 아닌지 확인해 보는 것이다.**

앞서 소개한 예시에서라면 상대방에게 "딱히 이유 같은 게 있겠습니까? 그냥 우리를 바보 취급하는 거지요"라는 이야기를 들었을 때 '시장에게도 민원을 받아들이지 않은 합당한 이유가 있었던 것은 아닐까?', '말을 전하는 상대방이야말로 시장이 민원을 받아들이지 않은 이유를 숨기는 것은 아닐까?'라고 곰곰이 생각해 보는 자세가 필요하다.

분노를 자아내게 하는 인물상

아리스토텔레스는 '분노의 대상이 되는 인물상'에 대해 다음과 같이 구체적으로 설명했다. 즉 어떤 대상을 두고 '사실 그는 이런 사람에 불과하다'라고 주장하면 청중이 해당 대상을 향해 분노하도록 유도할 수 있고, 반대로 '자신은 이런 인물이 아니다'라고 주장한다면 자신에게 향하는 분노를 피할 수도 있다.

1. 매사 진지하게 임하는 나의 자세를 나쁘게 말하거나 비웃고 무시하는 사람
2. 친구인 나에게 경멸적인 행위를 하는 사람
3. 과거에는 나를 존중했지만 지금은 그렇게 하지 않는 사람
4. 내게 친절한 행동이나 대답을 해주지 않는 사람
5. 나보다 실력이 떨어지는데도 나에게 맞서면서 멋대로 행동하는 사람
6. 아무 이유도 없이 나에게 경멸적인 행위를 하는 사람
7. 나의 요구를 깨닫지 못하는 사람
8. 나에게 닥친 불행을 좋아하는 사람
9. 나에게 고통을 주고 있으면서도 개의치 않는 사람
10. 내가 곤경에 처해 있다는 것을 알면서도 어떤 도움도 건네

지 않는 사람

11. 나의 경쟁 상대 앞에서 내게 경멸적인 행위를 하는 사람
12. 나에게 칭찬받고 싶은 사람 앞에서 내게 경멸적인 행위를 하는 사람
13. 내가 경외하고 있거나 혹은 경외를 받고 있는 사람 앞에서 내게 경멸적인 행위를 하는 사람
14. 나의 동료에게 경멸적인 행위를 하는 사람
15. 나에 대한 것을 중요하게 여기지 않고 함부로 취급하거나 잊어버린 사람

예를 들어 어떤 대상에 대해 2번에서 그랬듯 "친하게 지내봤자 그는 은혜를 원수로 갚는 사람이다"라고 하거나, 8번과 같이 "그는 타인의 불행을 즐기는 사람이다'라고 한다거나 혹은 9번에서처럼 '그는 그렇게 폐를 끼쳤으면서도 아무렇지 않게 생각한다'라고 토로하거나, 14번과 같이 '우리 회사 사람들을 만만하게 봤으니까 그렇게 함부로 행동하는 거지'와 같은 식으로 주장하면 듣는 사람의 감정을 해당 대상에 대한 분노로 유도할 수 있다.

우애: 청중에게 남이 아닌 존재가 되어라

두 번째로 유도할 감정은 '우애'다. 일찍이 우애를 이념으로 든 정치가도 있었지만, 이 단어 자체가 낯선 사람들도 많을 것이다. 우애라는 개념에 대해 쉽게 설명하자면 **누군가를 '친구', 좀 더 넓은 의미에서는 '동료'라고 생각하는 마음이다.** 어떤 주장을 전개할 때 청중에게 우애라는 감정을 불러일으키는 데 성공한다면 설득력이 높아지는 효과를 기대할 수 있다. 참고로 '우애'의 반대는 '그 녀석은 적이다'라는 마음을 불러일으키는 '적의'나 '증오'다. 아리스토텔레스는 우애에 대해 다음과 같이 정의하고 있다.

> 친구로서의 애정이란 좋은 것을 자기 자신을 위해서가 아니라 오로지 그 사람을 위해 바라는 것이며, 자신이 할 수 있는 한 그 사람을 위해 좋은 것을 실현시키려고 애쓰는 마음이다. 또한 친구란 상대방에게 사랑을 전하는 사람이고, 또한 그렇게 받은 사랑을 되돌려 주는 사람이다. 서로를 친구라고 생각하는 사람들은 서로 이와 같은 관계에 있다고 생각하는 사람들이다.
>
> 《수사학》 제2권 제4장

우애라는 감정을 유도할 때 핵심은 '친구란 상대방에게 사랑을 전하는 사람이고, 또한 그렇게 받은 사랑을 되돌려주는 사람이다'라는 부분이다. 다시 말해 **우애는 상호적인 것이다.** 따라서 청중이 나를 향해 '우애'라는 감정을 품도록 유도하고 싶다면 **먼저 이쪽에서 '당신을 친구라고 생각하고 있습니다'나 '동료라고 생각하고 있습니다'라고 호소해야 한다.**

이때 참고가 되는 것이 인용문의 앞에 나오는 '좋은 것을 자신을 위해서가 아니라 오로지 그 사람을 위해 바라는 것'이라는 내용이다. 다시 말해 청중을 우애로 유도할 때에는 자신의 주장 안에 **'당신을 위해 생각한 것입니다'라는 내용을 담아낼 수 있어야 한다.**

이 두 가지 사항을 말에 담는 것이 우애로 유도하는 기본적인 방식으로, 일상 대화에서도 종종 접할 수 있는 화법이기도 하다. 다음의 사례를 살펴보자.

1. A: "원래는 안 되는데 선생님께서 부탁하신 것이니 특별히 준비했습니다."

   B: "이것 참, 저 때문에 무리하신 것은 아닌지 미안하네요."
2. A: "무슨 말씀이세요. 저와 선생님 사이잖아요."

1번에서 '오로지 당신을 위해'라고 강조하고, 2번에서는 '당신을 친구라고 생각하고 있다'라고 말했다. 물론 경우에 따라서는 1번과 2번이 함께 섞여 있기도 한데, 이와 같이 이야기하면 본심이 무엇인지는 별개로 친다고 해도, 기본적으로 상대방을 우애라는 감정으로 유도한다고 볼 수 있다.

상대방과 가치관을 공유한다고 강조하라

아리스토텔레스는 '친구'의 정의에 대해서도 다음과 같이 구체적으로 설명했다.

> 좋다고 여기는 것과 싫다고 여기는 것이 서로 같고, 좋아하는 사람과 적으로 여기는 사람이 서로 같다면, 그들은 서로에게 친구라고 할 수 있다.
>
> 《수사학》 제2권 제4장

아리스토텔레스의 정의에 따르면 가치관을 공유할 수 있는 사람은 친구, 그럴 수 없는 사람은 적이다. 따라서 어떤 일을 두고 자신도 청중과 같은 생각을 하고 있다거나 같은 평가를 내리고 있음을 전달할 수 있다면 청중을 우애로 유도할 수 있다. 그래서 연설을 자주 하는 사람들이 흔하게 사용하는 표현이 있다.

"저 또한 여러분과 같은 고민을 하고 있었습니다."
"여러분이라면 저를 이해해주시리라 믿습니다."

이처럼 청중과 자신의 결을 일치시키는 표현은 청중에게 가치관을 공유한다는 것을 확인시킴으로써 자신에게 우애라는 감정을 품도록 유도하는 효과가 있다.

청중의 호감을 사는 법

그 외에도 아리스토텔레스는 친구라고 여겨지는 유형, 우애를 갖기 쉬운 대상에 대해 다음과 같이 정리했다. 이 책에서 모든 조건을 하나하나 소개할 수는 없으니 대표적인 몇 가지만 살펴보자.

1. 내 친구의 친구
2. 내 적을 똑같이 적으로 생각하는 사람
3. 내가 증오하는 것을 증오하는 사람
4. 내가 미워하는 사람에게 미움을 받는 사람
5. 금전적인 면이나 신변의 안전 면에서 도움이 되는 사람

6. 내가 동경하는 사람

7. 다툼을 좋아하지 않는 사람

8. 유머를 아는 사람

9. 나의 장점을 알아주는 사람

10. 용모나 복장, 생활이 깔끔한 사람

11. 쉽게 앙심을 품지 않는 사람

12. 남의 허물을 함부로 입에 올리지 않는 사람

13. 나와 밥벌이를 함께하는 사람

14. 함께 절차탁마하는 라이벌

 청중에게 호감을 불러일으키게 하고 싶은 대상을 이와 같은 존재라고 설득하는 데 성공한다면, 청중을 그 사람에 대한 우애의 감정으로 유도할 수 있다. 또한 스스로가 그런 인물이라고 청중을 설득할 수 있다면 청중의 마음에 자신에 대한 우애를 심을 수 있다.

 예를 들면 2번에서처럼 "그도 당신과 똑같이 A씨를 버거워하는 것 같아요"라고 한다거나 13번과 같이 "같은 동료끼리 사이좋게 지냅시다"라고 말을 건네는 것이다. 특히 비즈니스 상황에서는 일을 매개채로 만난 상대방과 어떻게 친분을 만드는지가 매우 중요한데, 그런 면에서도 우애로 유도하는 기술은 익혀둘 만하다.

우애의 반대는 분노가 아니라 미움이다

우애의 반대는 '미움'이다. 따라서 청중을 증오로 유도하려면 우애로 유도할 때와는 반대의 방법을 취하면 된다. 즉 미움을 사게 만들고 싶은 대상에 대해 "그는 당신을 친구라고 생각하지 않는다"라고 주장함으로써 '당신과는 다른 가치관을 갖고 있다'라고 설득하는 것이다. 또한 '당신의 적과 사이가 좋다'거나 '뒤에서 남의 험담을 한다' 등 우애를 품기 쉬운 대상과 정반대의 특징을 가진 인물이라고 주장하는 것도 효과적인 방법이다.

미움이라는 감정은 얼핏 분노와 비슷해 보이지만, 아리스토텔레스는 이 두 가지를 명확하게 구분했다. 분노는 그럴 만한 구체적인 계기가 있어야 그 원인이 되는 특정 대상을 향해 일어나는 감정이지만, 미움이란 그저 옆에서 봤을 때 가치관이 맞지 않다는 이유만으로도 일어날 수 있는 감정이기 때문이다.

예를 들어 정치적으로 좌익이 우익을 싫어하고, 우익이 좌익을 싫어하는 현상은 어떤 특정한 사건에서 비롯된 분노가 아니라 그저 자신과 결이 어긋나는 상대방에 대한 미움에서 비롯된 경우가 많다. 개별적인 행위에서 비롯되었다기보다는 근본적인 가치관의 차이가 문제이기 때문이다. 즉 정치 이념에 따라 특정 사상을 지지하는 상대방의 행위를 싫어한다고 해도 그 실상을 들여다보면 '가치관이 다르다'가 앞이고, '그 행위가 싫다'가 뒤가 되는 것이다.

주목할 점은 이런 '미움'이 '분노'보다 더욱 강하게 청중을 동요시킬 수 있다는 것이다. 아리스토텔레스는 미움에 대해 이렇게 설명하고 있다.

> 분노하는 사람은 상황에 따라 분노를 일으킨 상대방에게 연민을 가질 수도 있다. 그러나 미움을 품은 사람은 어떤 일이 있어도 태도를 바꿔 미워하는 상대방을 가련하게 여기지 않는다. 분노하는 사람은 자신에게 분노를 일으키게 한 상대방이 그에 상응하는 고통을 받기를 원하지만, 미워하는 사람은 아예 상대방이라는 존재 자체가 완전히 사라지기를 바라기 때문이다.
>
> 《수사학》 제2권 제4장

아리스토텔레스는 분노라는 감정은 복수에 성공하거나 세월이 지나면서 누그러질 수도 있지만, 미움은 사그라지지 않는다고 생각했다. 인용문에도 나와 있는 것처럼 미움은 상대방이라는 존재 자체가 없어질 때까지 지속되기 때문이다. 즉 '미움'은 한번 뿌리를 내리면 '분노'보다도 오래 지속되는 감정이다.

그런 면에서 볼 때 청중을 선동하는 사람이 적대 세력의 구체적인 행동이나 발언보다는 그것을 구실로 삼아 적대 세력의 내면이나 가치관을 비난하는 경우가 많은 이유를 알 수 있을 것이다. 그들의 의도는 청중에게 분노가 아닌 미움을 부추기는 데 있다.

두려움: 공포에 사로잡히면 설득당하기 쉬워진다

"지금 테러가 일어나지 않는다고 장담할 수 있습니까?"
"당장 이것을 도입하지 않으면 나중에 큰일이 일어날 겁니다."

이와 같이 듣는 사람에게 '두려움'을 부추기는 말은 토론이나 설득 상황에서 흔하게 들을 수 있다. 아리스토텔레스는 두려움에 대해 다음과 같이 정의하고 있다.

> 두려움이란 파멸이나 그와 같은 고통을 수반하는 악惡이 당장 닥쳐올지도 모른다는 생각에서 비롯되는 일종의 고통 혹은 마음의 혼란이다.
>
> 《수사학》 제2권 제5장

우선 기억해야 할 사항은, 사람을 두렵게 만드는 것은 **'지금 당장 이라도 일어나려고 하는 나쁜 일'**이라는 점이다. 대개 사람은 아무리 두려운 일이라 하더라도 코앞에 닥친 상황이 아니라면 그다지 두려워하지 않는다.

예를 들어 언젠가 인터넷에서 '76억 년 후 지구는 태양에 의해 증발될 것이다'라는 가설을 봤다. 그런데 이렇게 어마어마한 주장이 조금도 무섭게 느껴지지 않았다. 너무 먼 미래의 일이라 전혀 피부에 와 닿지 않았기 때문이다.

다른 사람들의 심정도 크게 다르지 않을 것이다. 76억 년 후의 지구 멸망이라는 거대한 사건보다는 당장 내일로 닥쳐온 마감이 훨씬 두렵게 느껴지는 이유는, 이제 막 내 앞에서 일어나려고 하는 나쁜 일이기 때문이다.

"바로 지금 여러분 앞에 큰 재난이 닥치고 있습니다!"

그렇다면 청중의 두려움을 이용해 자신의 주장을 유리하게 이끌려면 어떻게 해야 할까? **바로 청중의 '코앞에 나쁜 일이 닥쳤다' 라고 주장하는 것이다.** 예를 들어 다음과 같은 화법을 일상에서 흔하게 접해봤을 것이다.

"현재 ××법 개정안이 국회에서 논의되고 있습니다. 언뜻 보기에 일반 시민과는 상관없어 보이는 이야기처럼 느껴질 수 있습니다. 하지만 일단 이 개정안이 시행되면 우리 시민들의 일상에 큰 혼란을 줄 수밖에 없는…"

이런 식으로 '사실은 당신과도 관계가 있다'고 강조하는 주장은 두려움을 부추기는 효과가 있다. 비슷한 예로 괴담들을 살펴봐도 '사실 이 이야기를 들은 사람은 오늘밤…'과 같이 끝나는 경우가 많은데, 이 또한 이야기를 마무리하며 괴담에 나왔던 상황을 청중의 코앞으로 끌고 오려는 의도가 담겨 있다.

두려움은 희망이 남았을 때 더욱 커진다

그런데 듣는 사람이 공포감을 느끼도록 유도할 때 꼭 한 가지 갖춰야 할 요소가 있다. 바로 '일말의 희망'이다. 이것이 없으면 두려움의 위력이 줄어든다. 아리스토텔레스는 이에 대해 다음과 같이 설명한다.

> 청중에게 두려움을 심기 위해서는 자신이 처한 곤경에서 빠져 나올 수 있다는 구원의 희망을 남겨 놓아야 한다.

여기에는 명백한 증거가 있다. 두려움은 어떻게 하면 곤경에서 빠져나갈 수 있을지를 고민하게 만들지만, 전혀 희망이 없는 상황에서 문제 해결을 고민할 사람은 아무도 없기 때문이다.

《수사학》 제2권 제5장

다시 말해 누군가를 두려움에 빠뜨리고 싶다면 **완전한 절망을 선사해서는 안 된다.** 인간은 '한 시간 후에 지구가 폭발한다. 이제 누구도 도와줄 수 없다'와 같이 더 이상 어찌할 수 없는 상황을 맞으면 '두려움'보다는 '포기'의 감정을 갖는다. 절망이라는 감정에 사로잡힌 청중에게는 그 어떤 설득도 먹히지 않는다.

듣는 사람을 자신이 의도한 특정 행동으로 유도하기 위해서는 듣는 사람에게 절망적인 상황이 아닌 문제를 해결할 수 있다는 여지를 남기면서 두려움을 심어줘야 한다. 그래서 청중에게 두려움의 감정을 부추기려는 사람들은 다음과 같이 말한다.

"○○는 아주 무서운 것이다. 그러나 지금이라면 어떻게든 해결할 수 있다. 그러니까 우리는 ××을 해야만 한다."

이와 같은 언사를 정치인의 연설이나 회사 내 회의에서, 또는 건강식품이나 유사투자자문 등을 홍보하는 광고 문구에서 한번쯤은 들어 봤을 것이다.

어떻게 두려움을 심어줄 것인가?

그렇다면 어떻게 해야 자신이 의도하는 대상을 두려워하게 유도할 수 있을지 조금 더 구체적으로 살펴보자. 아리스토텔레스는 다음과 같이 설명하고 있다.

> 파멸을 부르거나 끔찍한 고통으로 이어지는 해악을 일으킬 만한 거대한 힘을 갖고 있다면, 사람들은 두려워할 수밖에 없다.
>
> 《수사학》 제2권 제5장

즉 두려움을 주는 대상이란 우리에게 당장 영향력을 행사할 만한 '거대한 힘'을 가진 존재여야 한다. 따라서 특정한 인간이나 조직을 두려워해야 한다고 주장할 때에는 반드시 그 특정인이나 조직이 청중을 위협할 만한 어떤 큰 힘을 갖고 있는지를 강조해야 한다. '대기업', '거대 매스컴', '정계의 거물'과 같은 표현은 단순히 규모가 크다는 것을 넘어 무언가 두려워해야 할 알 수 없는 힘을 갖고 있다는 뉘앙스를 풍긴다.

이런 경향은 특히 '음모론'이라 불리는 이야기에서 자주 나타난다. 음모론자들은 역사의 이면에서 거대하고 은밀한 어떤 집단이 자신들이 설계한 대로 전 세계를 조종하며 역사적 사건들을 일으키고 있다고 주장한다. 즉 **'거대한 힘'은 두려운 존재의 전제 조건**이다.

그러나 이것만 가지고서는 아직 청중에게 두려움을 일으키기에는 충분치 않다. 앞에서도 언급했지만, 그 거대한 힘을 가진 존재 자체가 우리 눈앞에 닥친 위협이어야만 한다. 그렇다면 어떻게 해야 그 위험한 힘이 우리와 '밀접해 있다'라고 주장할 수 있을까? 그 핵심으로 아리스토텔레스가 제시한 것이 바로 '도발'이다.

막연한 두려움을 구체적인 위협으로 변화시키는 '도발'

어떤 존재가 악을 실행할 수 있는 거대한 힘을 갖고 있다는 사실만으로는 사람들을 두려움으로 몰고 가기에 부족하다. 능력이 갖춘 것과 그것을 실제로 행사하는 것은 별개의 문제이기 때문이다. 여기서 핵심은 **악을 실행하는 '도발'이 실제로 존재한다**고 주장하는 것이다. 그 주장이 청중에게 받아들여지고 나서야 거대한 힘을 가진 존재는 코앞에 닥친 위협이 된다.

아리스토텔레스는 거대한 힘을 가진 무엇인가가 다음과 같은 상태에 있다고 주장할 때 그것이 두려워해야 할 존재의 '도발'로 받아들여지면서 사람들에게 두려움을 심어줄 수 있다고 설명한다. 앞서 예로 들은 음모론에서도 어둠 속에서 우리를 조종하려는 '악의 조직'은 대체로 다음과 같은 특징을 갖고 있다.

1. 대상이 청중에게 적의나 분노를 갖고 있다.

거대한 힘을 가진 존재가 청중에 대해 적의를 가졌다는 주장이 청중에게 받아들여지면 그 존재 자체가 악을 실행하는 도발로 인식되면서 청중을 두렵게 만들 수 있다. 이때 '억측의 토포스'를 사용하는 것도 효과적이다. 상대의 행동을 예로 들면서, 이것은 '청중에 대한 증오와 분노에서 비롯된 행동'이라고 설명하고, '따라서 적의를 갖고 있는 것이 명백하며, 앞으로 청중에게 보다 큰 악을 행사할 것이다'라고 주장해 두려움을 부추기는 것이다.

2. 대상이 부정한 품성을 갖고 있다.

애초에 청중 스스로가 이미 '근본적으로 사악하다'고 여기고 있던 대상이라면, 설득은 훨씬 간단해진다. 그저 '거대한 힘을 가졌다'라고만 주장해도 사람들을 두려움에 떨게 만들 수 있다. '사악한 것은 사악한 행동을 한다'는 논리를 청중이 쉽게 받아들이기 때문이다. 예를 들어 악의 조직이라고 생각되는 존재에 대해 '실제로 우리가 의심하고 있는 악행을 실행할 능력도 있다'고 주장하면, 청중에게 쉽게 두려움의 감성을 심을 수 있다.

3. 청중이 대상에게 떳떳하지 못한 감정을 갖고 있다.

반대로 청중이 갖고 있는 특정한 기억이 지목한 대상으로부터 복수를 당할지도 모른다는 '두려움'을 떠안게 하는 동기가 되기도 한다. 예를 들자면 다음과 같은 이야기를 흔하게 들어봤을 것이다.

"우리 인류는 우리도 모르는 사이에 자연을 짓밟으며 살아왔습니다. 조만간 그 대가를 치르게 되겠지요."

4. 대상이 청중에게 두려움을 갖고 있다.

아리스토텔레스는 커다란 힘을 가진 인간이나 조직이 청중에게 두려움을 갖고 있는 상태 또한 두려움을 가져다준다고 말한다. '장차 무슨 짓을 할지 알 수 없는' 상태이기 때문이다. 이러한 상황은 사이가 나쁜 국가들에서 종종 볼 수 있다. '그 녀석들은 우리에게 무시당했다고 생각하고 있다. 그러니까 보복한답시고 어떤 수법을 사용해 우리를 공격할지 알 수 없다'라고 주장해 상대를 두렵게 보이도록 유도하는 것이다.

두려움을 설득할 수 있다면 대담함도 설득할 수 있다

아리스토텔레스는 두려움의 반대는 '대담함'으로, 두려움을 뒤집어 생각하면 이에 대해 깨달을 수 있다고 설명했다. 아리스토텔레스가 말하는 대담함이란 곧 '안도감'이라고 바꿔 말할 수 있는데, 두려움을 심어주는 방법을 반대로 활용하면 청중에게 지정한 대상을 안심해도 되는 존재라고 생각하도록 유도할 수도 있다.

즉 그 대상에 대해 **큰 힘을 가졌음에도 불구하고 적의나 사악함, 복수 등 청중이 두려움을 느끼게 할 만한 요소들을 갖고 있지 않다고 주장**하는 것이다. 이러한 설득이 성공하면 '그 점에 대해서는 안심해도 괜찮아'라고 청중을 유도할 수 있다. 요컨대 친근하게 보이게 만들어 '우리 편이니 안심하라'고 주장하는 것이다.

부끄러움: 타인의 시선이 가진 무게를 활용하라

'부끄러움'으로 유도하는 방법은 주로 누군가의 행위를 제지하기 위해 '그것은 부끄러워해야 할 일이다'라고 주장할 때 사용한다. 다시 말해 **자신이 원치 않는 결정이 내려지는 상황에서 효과적으로 쓸 수 있다.** 아리스토텔레스는 부끄러움이란 감정에 대해 이렇게 설명했다.

> 부끄러움이란 현재나 과거, 미래를 불문하고 자신이 저지른 악행이 불명예스러운 악명으로 이어질지도 모른다는 생각에서 비롯되는 일종의 마음의 고통, 혹은 불안이다.
>
> 《수사학》 제2권 제6장

부끄러움에 대한 아리스토텔레스의 정의에서 주목해야 할 부분은 '**자신이 저지른 악행**'이다. 부끄러움의 원인이 되는 '자신의 악행'이란 무엇일까? 아리스토텔레스는 《수사학》 제2권 제6장에서 악행을 가리켜 '악덕에 바탕을 둔 형편없는 일'이라고 설명한다. 즉 악행이란 '덕'에 반대되는 행동이다. 좀 더 이해하기 쉽게 풀자면 '인간의 탈을 쓰고 어떻게 그런 일을 할 수 있지?'라고 혀를 찰 말한 행동을 일컫는다. 그리고 아리스토텔레스는 그런 악행이 '악명', 즉 나쁜 평판으로 연결될 때 사람은 '부끄러움'을 느낀다고 말한다.

이처럼 **부끄러움이란 '남들이 볼 때'라는 관점이 바탕에 깔려 있는 감정이다.** 물론 아무도 보지 않는 곳에서 은밀하게 실행한 악행에 대해서는 마음속으로만 몰래 부끄러워할 수도 있다. 그러나 이 또한 사실은 '다른 사람이 봤으면 분명 부끄러웠겠지'라는 생각에서 비롯된 감정이다.

"사람이라면 마땅히 부끄러워해야 합니다!"

지금까지 살펴 본 부끄러움의 정의를 바탕으로 이제부터는 상대방을 '부끄러움'의 감정으로 유도하는 방법에 대해 설명하고자 한다. 상대방을 부끄러움의 감정으로 유도하기 위해서는 지정한 **상대방의 특정 행동이나 상태를, 타인이 봤을 때 '부끄러운 것'이라고 지적할 필요가 있다.**

그렇다면 구체적으로 어떤 행동이나 상태가 '부끄러운 것'일까? 아리스토텔레스가 열거하는 '부끄러운 행동 목록' 가운데에서 고대 그리스뿐만 아니라 오늘날에도 통용될 만한 것들을 다음과 같이 정리했다.

1. 도망과 회피
2. 횡령과 착복
3. 부적절한 성적 관계
4. 약자에게서 갈취한 이익

5. 여유가 있음에도 타인을 돌보지 않는 이기심
6. 호의를 구걸하는 아첨
7. 실속 없는 허세
8. 평범함을 특별함처럼 꾸미는 기만

물론 목록에서 꼽은 것 외에도 불성실함이나 약속을 함부로 여기는 식언, 겉과 속이 다른 표리부동함 등 우리가 부끄럽다고 여기는 행동은 매우 많다. 실제 토론에서 '부끄러움이라는 감정의 유도'를 활용할 때에는 '그것은 부끄러워해야 할 행동이다'라고 무리 없이 주장할 수 있는 행동이나 상태라면 무엇이든 상관없다. 기준이 되는 것은 앞에서 설명한 것처럼 '사람으로서 잘못된 행동'이며, 이에 해당되는 행위를 지적했을 때 상대방을 부끄러움으로 유도할 수 있다.

나아가 응용 기술도 있다. 얼핏 보기에는 '사람 같지 않은', 즉 사람으로서 부끄러워해야 마땅할 행위가 아니라고 할지라도 부끄러움이라는 감정으로 유도하는 것이다. 예를 들어 생략삼단논법을 활용해 'ㅇㅇ이다. 따라서 이것은 ××한 것이나 마찬가지다'라는 논리를 상대방에게 적용해 부끄러움을 강요할 수 있다.

부끄러움을 강제하는 말의 기술

부끄러운 감정으로 유도할 때에는 '누군가에게 부끄러운지'를 확실히 지정하는 것도 효과적인 방법이다. 앞서 설명한 것처럼 부끄러움이란 '다른 사람이 볼 때'라는 관점이 밑에 깔려 있는 감정이기 때문이다. 여기서 이야기하는 다른 사람이란 '주위', '세상 사람들' 나아가 '모두'일 것이다.

예를 들어 대상으로 지정한 사람의 부끄러워할 만한 행동을 두고 '주위에서 보면 어떻게 생각할까?', '그 얘기를 들은 사람들은 어떻게 생각할까?', '그런 행동이 세상에 알려지면 어떨까?'와 같이 지적하는 방식은 전형적인 부끄러움으로의 감정 유도다. 이는 개인의 사회적 평판에 대한 불안감을 자극하는 심리적 압박 기제로 작용한다. 자국민을 깎아내릴 때 자주 쓰는 '국제적으로 봤을 때 망신스러운 풍경'이라거나 '서구 사회는 그렇게 하지 않는데 아직까지도 우리는…'과 같은 표현 또한 부끄러움을 강제하는 말의 기술이라고 할 수 있다. 특히 이런 표현들은 집단적 열등감을 조성하여 개인의 행동 변화를 유도하는 강력한 수사법이다.

또한 특정인을 인용하는 방법도 있다. "ㅇㅇ가 이 사실을 알게 되면 어떻게 생각할까?" 등과 같은 화법이 전형적인 형태인데, 이러한 화법에 동원되는 특정인 중에도 효과적인 부류와 그렇지 않은 부류가 있다고 아리스토텔레스는 설명한다. 그렇다면 이 화법에서 효과적으로 쓰일 수 있는 '특정인'이란 어떤 사람일까?

1. 청중이 좋아하는 사람
2. 청중을 좋아해주는 사람
3. 청중이 사랑받고 싶어 하는 사람
4. 청중의 라이벌
5. 청중이 기꺼이 경청해주는 사람
6. 부끄러운 행동 따윈 절대로 하지 않을 것 같은 사람
7. 부끄러운 행동을 용서하지 않는 사람
8. 소문을 많이 내는 사람
9. 지금까지 청중에게 좋은 인상만 준 사람

지금까지 정리한 목록을 참고해 지정한 대상에게 가장 효과적으로 받아들여질 것 같은 인물을 넣어서 2번처럼 '당신의 부모가 보면 어떻게 생각할까?'라고 지적하거나, 4번이나 6번을 활용해 '그 사람이라면 그런 일은 하지 않았을 거야'와 같이 이야기를 풀어나가면 지정한 대상을 부끄러움으로 유도할 수 있다.

연민: 당신도 나와 같다는 감정 이입을 유도하라

'연민'이라는 감정으로의 유도가 가진 효과는 지금까지 살펴본 '분노', '미움', '두려움', '부끄러움'에 결코 뒤지지 않으며, 지금도 실제 토론이나 연설에서 청중을 특정 행동으로 몰아갈 때 자주 사용되고 있다. 아리스토텔레스는 연민에 대해 다음과 같이 설명했다.

> 연민이란 그럴 리가 없는 사람이 파멸에 이르거나 혹은 고통으로 가득 차 불행에 빠져 있는 것을 봤을 때 느껴지는 일종의 고통으로, 그 불행이 자기 자신이나 가까운 누군가에게도 머지않은 장래에 닥칠 수 있다고 예상될 때 생기는 감정이다.
>
> 《수사학》 제2권 제8장

아리스토텔레스가 내린 '연민'의 정의에서 특히 주의 깊게 봐야 할 부분은 '마치 자신에게 닥친 일처럼 느껴지는 그 불행'이라는 표현이다. 다시 말해서 청중에게 누군가에게 닥친 불행을 소개하며 연민이라는 감정을 유도할 때 그 불행이 '잘은 모르겠지만 괴롭겠거니' 하는 정도에서 그치며 감정 이입으로까지는 이어지지 않는다면 소용이 없다는 뜻이다.

감정 이입은 자신도 공감할 수 있는 대상에게만 할 수 있다. '타고난 부자는 가난한 사람의 마음을 모른다'라는 말이 있다. 경제적으로 여유로운 사람이 가난에 허덕이는 사람의 처지에 감정 이입하는 것은 불가능하다는 뜻이다. '자신이나 가까운 누군가에게도 똑같은 일이 일어날지 모른다'와 같이 가깝게 느껴지는 불행이 아니면, 나와 상관없는 거리가 먼 타인의 일이라고 여겨지면서 연민의 마음은 줄어들 수밖에 없다.

'당신에게도 일어날 수 있는 일'이라고 호소하라

그렇기 때문에 청중을 연민으로 유도하기 위해서는 '**지정한 대상의 불행은 당장 내일 당신에게도 일어날 수 있는 불행이다**'라고 강조할 필요가 있다.

구체적으로는 청중에게서 연민을 유도하고자 하는 대상, 즉 불행한 처지에 놓인 사람을 청중과 비슷한 인물이라고 주장하는 것이 효과적이다. 자신과 닮은 인간에게 닥친 불행은 자신에게도 닥칠 수 있는 것처럼 생각되기 때문이다. 이에 대해 아리스토텔레스는 다음과 같이 설명하고 있다.

우리가 연민을 느끼는 대상은 연령과 성격 및 행동거지, 사회적 지위나 출신 등에서 자신과 닮은 사람들이다. 그들에게 닥친 불행이 그들과 비슷한 자신에게도 언제든지 일어날 수도 있다고 생각되기 때문이다.

《수사학》 제2권 제8장

즉 불행한 대상과 듣는 사람의 공통점을 찾아 '당신과 똑같은 사람이 이렇게 고통받고 있습니다'라는 메시지를 보내는 것이다. 많은 사람을 향해 말할 경우에는 불행한 대상을 다수에 맞춰 대략적으로 일반화시킨다. 불행의 교집합이 넓어질수록 불행에 공감하는 사람 또한 늘어날 테니, 그만큼 더욱 큰 효과를 기대할 수 있다.

예를 들어 "빠듯한 살림으로 아이를 정성껏 돌봤을 뿐인 어머니가 왜 이런 부당한 일을 당해야만 합니까!"라는 식으로 말하는 것이다. 이처럼 '불행한 대상'을 자연스럽게 '어머니', '노인', '젊은이', '서민'과 같이 해당 청중에 맞춰 바꿔 말하는 방식은 신문이나 잡지, 인터넷 뉴스의 기사에서도 흔하게 찾을 수 있다.

물론 그 불행한 일 자체에 대해 생략삼단논법을 동원해 'ㅇㅇ입니다. 따라서 여러분에게도 언제 닥칠지 모르는 일입니다'와 같이 근거를 바탕에 두고 주장을 전개하는 것도 괜찮은 방법이다. 아니면 좀 더 직설적으로 '자신의 일이라고 생각해 보십시오'나 '그 피해자가 여러분이었으면 어땠겠습니까?'라고 말하는 방법도 있다.

나와 멀어질수록 연민의 감정도 옅어진다

대상에 대해 '연민할 필요는 없다'고 반론하고 싶은 경우에는 지금까지와는 반대로 말하면 된다. 즉 대상에게 닥친 불행에 대해 '**듣고 있는 당신과는 관계없는 일이다**'라고 주장하는 것이다.

이때 자주 사용되는 방법이 '**자업자득이다**', '**다 자기 책임이다**'라고 말하는 것이다. 이와 같은 말은 '그 일은 그 사람의 선택이 불러온 불행으로, 우리는 장래 그런 선택은 하지 않을 테니 같은 불행에 빠질 일은 없다'라는 예상으로 구성되어 있다.

그리고 만약 그 불행이 과거에 벌어진 사건이라면, 현재와의 시간적 거리를 지적하며 '이미 지난 옛날이야기다'라고 반론할 수도 있다.

정리 노트

- 듣는 사람의 감정을 자극하면, 자신의 주장을 더욱 효과적으로 전달할 수 있다.
- 감정 유도는 어디까지나 생략삼단논법의 보조 수단이다.
- 분노를 유도: 청중에게 적대시하는 인물을 가리켜 '그 녀석은 이런 이유에서 당신의 적이다'라고 설득하는 데 성공해 청중의 분노를 이끌어낸다면 자신의 주장을 유리하게 만들 수 있다.
- 우애를 유도: '나는 당신 편이다'라고 가깝게 다가가듯 이야기하면, 자신의 주장을 유리하게 만들 수 있다.
- 두려움을 유도: '곧 당신에게도 닥칠지도 모를 불행이다'라고 듣는 사람을 공포에 휩싸이게 만들면 자신의 주장을 유리하게 만들 수 있다.
- 부끄러움을 유도: 지정한 대상으로부터 부끄러움이라는 감정을 끄집어낼 수 있다면 그 대상이 시도했으나 자신이 바라지 않던 결정을 막을 수 있다.
- 연민을 유도: 자신이 지정한 대상에게 청중이 마치 남의 일이 아닌 것처럼 연민을 느낄 수 있도록 유도함으로써 자신의 주장을 유리하게 만들 수 있다.

Chapter 5

누구도 모르게 상대를
내 편으로 만드는 화법

나를 빼어난 현자처럼 연출하는 법

'좋은 사람'이 하는 말은 '좋은 것'처럼 들린다

아리스토텔레스 변론술에서 설득의 삼대 요소 가운데 마지막은 **'말하는 사람의 인성'**이다. 앞서 제2장에서도 설명했듯이 실제 대화에서는 '누가 말하는가?'가 설득력을 크게 좌우한다. 토론이나 회의에 참여하다 보면 '왜 저 사람의 의견은 항상 통할까?'라고 궁금해했던 적이 한번쯤 있었을 것이다. 그때 '무슨 이야기를 하는가보다 누가 말하는가가 더 중요하다니'라면서 속으로 불만을 터뜨렸을지도 모르겠다.

실제로도 말의 내용과 상관없이 권위 있는 사람이나 인기 있는 사람의 의견은 청중에게 옳게 받아들여지는 경향이 있다. 직장 내

회의에서도 주변으로부터 괜찮은 평가를 받는 직원이 제시하는 의견이 더 잘 통하는 것만 봐도 그러하다.

사람 자체가 가져다주는 설득력의 끝이 바로 '사랑하는 사람'이다. 사랑에 빠진다고 해서 무조건 판단력이 흐려지는 것은 아니겠지만, 사랑하는 사람이 하는 말이라면 다소 의심스럽더라도 일단 믿고 싶어지는 것이 인간의 본성이다.

요컨대 실제 토론이나 연설, 회의 등에서는 **'그는 좋은 사람이니까'**, **'그 사람이 하는 말이니까'와 같은 비논리적인 이유가 통해 설득에 성공하는 상황을 어렵지 않게 찾을 수 있다.** 지금부터는 바로 그 '말하는 사람의 인성'에 바탕을 둔 설득 방식에 대해 설명하고자 한다.

물론 그렇다고 해서 '내용보다 사람이 우선시된다니 어쩔 도리가 없네'라고 결론짓는 것은 섣부른 판단이다. 오히려 이렇게 뒤집어 생각할 수도 있다. 즉 설득의 성패가 갈리는 결정적인 순간에 자신의 '인성'을 제대로 연출할 수 있다면, 지금까지 '왜 저 사람만 항상 통할까?'라고 불평만 했던 데에서 벗어나 '내가 말하니까 통한다'로 결과를 바꿀 수도 있다.

지금부터는 토론을 유리하게 끌고 가기 위해 인성을 어떻게 연출해야 하는지, 그 '연출의 기술'을 소개하겠다.

신뢰받는 사람이 가진 세 가지 덕목

아리스토텔레스는 신뢰받는 사람이 다음 세 가지를 갖추고 있다고 설명한다.

1. 청중에 대한 호의
2. 덕德
3. 프로네시스phronesis

3번 '프로네시스'에 대해서는 나중에 자세히 설명하겠지만, 여기서는 '지성'이나 '통찰력' 정도로만 간단하게 소개한다.

아리스토텔레스는 이 세 가지를 꼽은 이유에 대해 이렇게 설명한다. '청중에 대한 호의'를 갖고 있지 않거나 '덕'이 없다면 올바른 의견을 알고 있어도 알려 주지 않을 것이고, '프로네시스'가 없는 사람은 애초에 바른 의견조차 알 수 없을 것이다. 그렇기 때문에 이 세 가지 가운데 어느 것 하나만 빠져도 청중은 그 사람을 신뢰할 수 없다고 생각하고 그의 의견도 올바르다고 동의할 수 없게 된다. 바꿔 말하면 **청중을 설득하기 위해서는 '나는 이 세 가지를 갖추고 있다'라고 주장할 수 있어야 한다.**

아리스토텔레스는 이렇게 설명했다.

토론에 임하는 사람이 어떤 인성을 갖춘 인물로 보이는지가 의회 변론에서 매우 큰 역할을 한다.

《수사학》 제2권 제1장

여기서 의회 변론이란 고대 그리스의 의회에서 어떤 방책을 두고 장단점을 따지며 시행 여부를 결정했던 논의 과정을 가리킨다. '다음 분기의 경영 방침을 어떻게 정할까?', '이 상품을 도입해야 하나' 등 오늘날 회사에서 행해지는 임원 회의나 프레젠테이션, 협상 등도 여기에 해당한다고 할 수 있다. 그런 면에서 **아리스토텔레스의 변론술 가운데 '인성 연출'은 현대를 살아가는 우리에게도 매우 쓸모 있는 설득 방식이다.**

이제부터 지금까지 이야기한 인성의 삼요소인 '청중에 대한 호의', '덕', '프로네시스'에 대해 그 정의에서부터 활용 방법까지 자세히 살펴보겠다.

청중에 대한 호의

첫 번째로 짚어볼 것은 '청중에 대한 호의'로, 이미 앞장에서 살펴본 '우애'의 항목과 거의 일치하는 내용이다. 따라서 여기서는 간단하게 설명하고 넘어가고자 한다.

아리스토텔레스 역시 《수사학》 제2권 제1장에서 '(청중에 대한) 호의와 우애는 감정론을 통해 설명해야 한다'고 말했다. 그리고 청중에게서 자신을 향한 '우애'의 감정을 유도하기 위해서는 먼저 스스로 청중을 향한 우애를 보여야 한다고 설명했다. 이처럼 청중에게 먼저 우애를 보내는 과정이 곧 인성을 연출하는 것으로, '청중에 대한 호의'를 나타내는 방법이다.

즉 설득 속에 적극적으로 '전적으로 당신을 위해 드리는 말입니다', '당신과 가치관을 공유하고 있습니다'라는 메시지를 넣는 것이다. 이러한 화법을 능숙하게 활용할 수 있다면 청중은 **'이 사람은 우리에게 호의를 갖고 있다. 따라서 그의 의견도 우리를 위한 것이다'라고 설득을 당하게 된다.**

이처럼 '청중에 대한 호의'를 유도해서 인성을 연출하는 작업, 즉 청중을 자신에 대한 우애로 유도하는 작업은 회사 내 회의는 물론 타사와 경쟁하는 프레젠테이션이나 주주 총회, 설명회, 가족 회의 등 오늘날 고대 그리스의 의회 변론과 비슷한 모든 상황에서 사용 가능한 훌륭한 말의 기술이라고 할 수 있다.

덕이 있어 보이는 말은 좋은 말로 들린다

청중으로부터 신뢰를 얻기 위한 인성의 삼요소 가운데 두 번째는 '덕'이다. 여기서 덕이란 **'탁월한 인물이 되기 위해 필요한 특성'**이다. 아리스토텔레스는 다음과 같은 덕목들을 꼽았다.

1. 정의: 모두의 이익을 공정하게 나눌 수 있는 법적 테두리 안에서 바른 행위를 실행한다.
2. 용기: 위기나 곤란 앞에서도 훌륭한 행동을 한다.
3. 절제: 쾌락에 굴복하지 않는다.
4. 인심: 금전적으로 타인을 돕는다.
5. 도량: 타인에게 큰 은혜를 베푼다.
6. 대범함: 필요한 상황에서는 큰 지출도 아끼지 않는다.
7. 프로네시스: 행복을 염두에 두고 선과 악을 적절하게 판단한다.

2,400여 년 전과 오늘날 덕에 대한 개념이 약간 다를 수도 있지만 분명한 점은 예나 지금이나 덕이란 '저 사람은 훌륭하다', '그릇이 크다' 등의 평가를 받기 위해 필요한 요소라는 것이다.

그러나 변론술에서 덕과 관련해 중요하게 여기는 부분은 따로 있다. 여기까지 읽은 독자라면 이미 알고 있겠지만, 실제로 그 사람이 덕이 있는지 여부보다는 변론 중에 이러한 덕을 어떻게 전달하는지가 더욱 중요하다.

상황에 어울리는 덕은 따로 있다

아리스토텔레스는 '덕'이란 무엇인지에 대해 다음과 같이 설명하고 있다. 그가 설명하는 바는 변론에서 덕을 연출하기 위한 모든 노력의 핵심이기도 하다.

> 덕이 이로움을 가져다주는 능력이라면, 타인에게 가장 큰 이로움이 되는 덕을 가장 큰 덕이라고 해야 할 것이다. 그래서 사람들은 정의와 용기를 가장 큰 덕으로 여기고 소중히 여긴다. 용기는 전쟁에서, 정의는 평화로운 시절에 다른 사람들에게 이롭기 때문이다.
>
> 《수사학》 제1권 제9장

즉 맞닥뜨린 상황에 따라 타인, 즉 청중에게 가장 큰 이익을 줄 수 있는 종류의 덕을 가진 사람이 가장 좋은 인성을 가졌다고 평

가받게 된다. 예를 들어 위기나 곤란한 상황에 빠진 사람에게는 '용기'를 가진 사람이, 빈궁한 처지에 놓여 힘들어 하고 있는 사람에게는 '너그러움'을 가진 사람이 각각 높은 평가를 받는다. 바꿔 말하면 **덕을 베푸는 것도 상황을 고려해야 하는 것이다.**

'정의감'은 매우 중요한 의미를 가진 덕목이지만, 회사 매출이 급감한 위기를 맞아 다음 달 매출에 대해 논의하는 영업 회의에서는 그런 덕을 베풀어봤자 받아들여지지 않을 것이다. "틀린 말이 아닌 것은 알겠는데, 그래서 어떻게 먹고 살자는 거야?" 이런 비난을 받기 십상이다.

이때 주변으로부터 좋은 평가를 받을 수 있는 덕은 '정의'가 아니라, 매출이 떨어진 힘든 상황에 맞서 활로를 모색하는 '용기'나 위기에서 벗어나기 위해 지출을 아끼지 않는 '대범함', 혹은 가장 적절한 선택지를 고르는 '프로네시스' 등일 것이다.

그러나 이렇게 설명해도 '덕'이란 개념에 익숙지 않은 이상, 덕을 어떻게 연출해야 할지 피부에 와 닿지는 않을 것이다. 그래서 참고할 만한 것이 아리스토텔레스가 말하는 '아름다운 것'의 토포스다.

'아름다운 것'으로 덕의 증거를 마련하라

토론이나 변론을 하면서 스스로가 덕이 있는 인간이라고 설득하기 위해서는 어떻게 해야 할까? 아리스토텔레스는 이에 대해 '아름다운 것'을 꼽았다. 이것이 바로 덕을 청중에게 연출하는 핵심이다.

> 선한 행동이 가져 오는 성과, 선의 속성을 만드는 일은 아름다운 것으로, 덕의 징표가 된다. 따라서 용기라는 덕의 활동에서 비롯된 성과나 용기의 증표 혹은 용기 있는 행위는 아름다운 것이다. 또한 바른 것과 바른 행동의 결과도 아름다운 것이며, 다른 덕의 경우도 마찬가지다.
>
> 《수사학》 제1권 제9장

간단히 말하면 **'아름다운' 행위나 발언은 덕이 있는 사람이라는 증거가 된다**는 것이다. 따라서 자신의 말을 통해 청중에게 덕을 연출하고 싶다면 자신의 행위나 발언을 '아름다운 것'으로 만들어야 한다.

아름다운 것을 지나치게 강조하면 추해진다

그렇다면 덕의 증거가 되는 '아름다운 것'이란 구체적으로 무엇일까? 흔히 '아름답다'는 말을 들을 때 가장 먼저 떠오르는 심상은 눈으로 볼 수 있는 표면적인 아름다움일 것이다. 그러나 변론술에서 중요하게 여기는 것은 행위나 인성에 관한 **'내면적인 아름다움'**이다.

아리스토텔레스는 이와 같은 '아름다운 것'에 대해서도 여러 가지를 제시했으며, 스스로의 행위나 인성을 여기에 맞춰서 논하면 덕을 연출할 수 있을 것이라고 말했다. 주의해야 할 점은 **자신의 언동을 지나치게 미화시키면 안 된다**는 것이다. 스스로 자신의 장점을 지나치게 강조하면 거만한 인간으로 보이기 쉽다.

또한 앞에서 토포스를 설명할 때에도 나온 이야기지만, 가능하다면 이런 '아름다운 것'의 존재를 대놓고 과시하기보다는 사소한 부분에서 살짝 분위기만 풍기도록 해야 사람들에게 효과적으로 좋은 인상을 심어 줄 수 있다. 어려운 기술처럼 느껴질 수도 있지만, 다음과 같이 적재적소에 이용하면 기대 이상의 설득력을 얻을 수 있다.

1. 금전이 아닌 명예를 더욱 값지게 평가하는 모습

예: "손해 좀 봐도 괜찮아. 이 문제에서 돈은 중요하지 않아."

2. 타인 혹은 집단을 먼저 생각하는 모습

    예: "이 상품이 진정 세상에 보탬이 될 수 있는지를 고려해야 합니다."

3. 모든 이에게 좋다고 여겨지는 가치

    예: "요즘 들어 부모님께 효도하는 것이 무엇보다 중요하다는 생각이 든다."

4. 부끄러운 짓과 반대되는 행동

    예: "그런 일을 저지르다니, 사람으로서 부끄럽지도 않은가! 나라면 절대 하지 않았을 게야."

5. 빚진 것을 갚는 도리

    예: "계속 받기만 했는데, 이제는 제가 보답해야지요."

6. 노력으로 쟁취한 승리나 명예

    예: "부끄럽지만 이번 성과로 사내에서 표창을 받았습니다."

7. 타인에게 맞춰서 살지 않는 모습

    예: "내게는 나만의 길이 있어."

자신에게 '덕'이 있다는 것을 청중에게 전달하기 위해서는 제4장에서 살펴본 '부끄러움'에 대해 분석해 보는 것도 도움이 된다. 앞에서 나온 내용을 반추하자면 '부끄러움'이란 '악덕에 바탕을 둔 형편없는 일'이 드러났을 때 느껴지는 감정이고, '악덕'이란 덕에 반하는 상태를 의미한다. 이를 활용하자면 스스로를 가리켜 '부끄럽지 않은, 즉 악덕하지 않은 사람이다', '사람으로서 잘못된 행위를 하지 않았다', '누구에게도 부끄럽지 않다'라고 주장함으로써 자신에게 덕이 있음을 설득할 수도 있다.

프로네시스, 일상의 철학자처럼 말하라

'청중에 대한 호의', '덕'에 이어 청중에게 신뢰를 얻기 위해 필요한 세 가지 요소 가운데 마지막은 '프로네시스'다. 프로네시스는 '실천적 지혜', '명철함', '사려 깊음' 등으로 번역되는데, 간단히 말하면 **실생활에서 가장 현명한 선택지를 고르는 능력**'을 가리킨다.

사실 이 또한 '덕'의 요소 중 하나인데, 아리스토텔레스는 그중에서 프로네시스를 따로 독립시켜 인성의 세 가지 요소 가운데 하나로 설명하고 있다. 그만큼 **아리스토텔레스는 프로네시스가 설득에서 매우 중요한 요소라고 생각했다.**

예를 들어 설명하자면 우리는 어떤 사람에게 '머리가 좋다'는 평가를 내릴 때 '우수한 학업 성취'와 '일상에서의 현명함'을 구별해서 생각한다. 이때 '프로네시스가 있다'는 표현이 가진 뉘앙스는 후자인 '일상에서의 현명함'에 가까우며, 난해한 수학 문제도 쉽게 풀어내는 능력이나 암기력과는 그 의미가 다르다.

누군가의 행복에 대해 고민해 본 사람이 누군가를 설득할 수 있다

'프로네시스'에 대해 아리스토텔레스는 다음과 같이 설명한다.

> 프로네시스란 지성의 덕으로, 이것을 통해 사람들은 좋은 것이나 나쁜 것을 구별할 때 행복을 염두에 두고 좋은 것을 선택한다.
>
> 《수사학》 제1권 제9장

즉 다음의 두 가지 요소를 갖춘 경우 청중은 말하는 사람이 '프로네시스'를 갖췄다고 인정한다.

1. 청중의 행복을 염두에 두는 것
2. 선악에 대해 적절하게 판단하고 좋은 쪽을 고르는 것

첫째로 청중에게 프로네시스를 느끼게 만들려면 '행복'을 염두에 두고 말한다는 전제가 필요하다. 여기서 '행복'이란 말하는 사람이 아닌 듣는 사람이 바라는 행복을 의미한다.

예를 들어 기부나 자원봉사를 통해 기쁨을 느끼는 청중 앞에서 강연을 한다고 가정하자. 그들 앞에서 '단기간에 연 수입을 열 배로 올린 재테크 성공 비결'에 대해 이야기해봤자 큰 반응을 얻기란 힘들 것이다. 오히려 청중은 프로네시스를 느끼기는커녕 강연하는 사람을 속물이라고 여기면서 더 이상 그의 말에 귀를 기울이지 않을 것이다.

그렇기 때문에 말을 꺼내기 전에 청중이 어떤 유형의 행복을 추구하는지 미리 판단해야 한다. 그러한 판단에 따라 상대가 추구하는 행복에 어울리는 제안을 하고, 적합하지 않은 것들은 그만두자고 주장한다면 훨씬 더 쉽게 청중을 설득할 수 있을 것이다.

제3장에서 토론이나 설득에는 사전 준비가 중요하다는 이야기를 했는데, 여기서도 마찬가지로 적용되는 조언이다.

왜 좋은 것인지를 설득하라

다음으로 두 번째 요소인 '선악에 대해 적절히 판단하고, 선한 쪽을 선택하는 것'에 대해 살펴보자.

이 말의 의미는 청중에게 프로네시스를 제대로 전달하려면 그 청중이 바라는 행복에 근거해 '무엇이 좋은지', '어느 쪽이 좋은지'에 대해 설득력을 갖고 논할 필요가 있다는 것으로, 모든 토론이나 대화에도 해당되는 이야기다. 직장에서의 회의에서든 정치적인 주제를 두고 인터넷에서 벌어지는 토론에서든 그 본질은 저마다의 행복관에 따라 '무엇이 좋은지', '어느 쪽이 좋은지'에 대해 논하는 것이기 때문이다.

그런데 이때 평화나 평등과 같이 누가 봐도 명백하게 '좋은 것'을 '선'이라고 주장해 봤자 프로네시스는 제대로 전달되지 않는다. 보편적인 선에 대한 얘기는 누구든지 할 수 있기 때문이다. 오히려 프로네시스는 대화나 토론에서 이야기 주제를 두고 '좋은 것'인지 아닌지 의견이 갈릴 때 제대로 드러난다. 즉 청중에게 프로네시스를 전달하고 싶다면 **많은 사람이 고민하는 문제에 대해 청중의 행복을 근거로 '무엇이 좋은지', '어느 쪽이 좋은지'에 대해 설득력을 가진 의견을 보이는 것이 중요하다.** 그래야 청중에게 자신의 프로네시스를 전달할 수 있고, '얘기를 들어보니 그 사람 참 현명하더라. 믿음이 가'라는 생각이 들도록 유도할 수 있다.

이제부터는 이런 설득력 있는 주장을 할 수 있도록 아리스토텔레스가 안내한 토포스에 대해 살펴보겠다. 그가 알려 주는 화법에 따라 이야기한다면 청중은 말하는 이에게서 깊은 프로네시스를 느낄 것이다.

프로네시스를 전달하는 법 1
: 좋은 쪽을 따라 설득하라

우선 전제 조건으로 청중에게 프로네시스를 드러내기 위해서는 '논리적인 화법'을 구사하는 것이 무엇보다 중요하다. 즉 제3장에서 설명한 생략삼단논법에 따라 'ㅇㅇ이다. 따라서 ××이다', 'ㅇㅇ라면 ××이다'와 같이 근거를 제시하고 결론을 유도하는 것이다. '감정 유도'가 많이 담긴 이야기는 청중의 마음을 어느 정도 움직일 수는 있지만 '프로네시스'를 느끼게 할 수는 없다.

나도 모르게 지지하도록 유도하는 좋은 것의 토포스

'선악'에 대해 생략삼단논법으로 말할 때에는 '좋은 것'에 대한 토포스를 따르는 것이 가장 좋다. 아리스토텔레스가 꼽은 좋은 것의 토포스를 다음과 같이 다시 정리했다. 이 '좋은 것의 토포스' 목록에 따라 이야기를 한다면, 듣는 사람에게 자신도 모르게 말하는 이를 지지하고 싶은 마음을 불러일으키는 인성을 연출할 수 있다.

1. 그것의 반대쪽이 악인 것

    예: "개혁을 멈추는 것이 경제를 악화시킨다면, 나는 꼭 개혁을 진행하겠다."

2. 적에게 이익을 가져오는 일에 반대되는 것

    예: "우리의 신중한 자세가 라이벌 사의 이익이 될 바에는 리스크를 지더라도 대담하게 나갑시다."

3. 적의 바람과 반대되는 것

    예: "범죄자들의 범죄 계획이 실패했다니, 간만에 좋은 소식이다."

4. 도를 넘지 않는 것

    예: "적당히 마시는 술은 건강에 좋다."

5. 많은 노력을 기울인 것

    예: "이번에 나온 신제품인데 반응이 폭발적입니다. 개발하는 데에만 10년이나 걸렸다니까요."

6. 많은 사람이 바라는 것

    예: "여기가 진짜 맛집이에요. 예약하려면 반년이나 기다려야 하거든요."

7. 칭찬받는 것. 특히 반대하는 사람조차 칭찬하는 것

    예: "그의 실력은 상대팀 감독이 칭찬할 정도로 훌륭했다."

8. 프로네시스가 있는 사람이나 좋은 사람이 고른 것

    예: "그 교수님께서 추천한 책이니까 분명 읽을 만할 거야."

9. 숙고 끝에 선택된 것

    예: "오랜 생각 끝에 내린 결론입니다. 이번에는 정말로 자신 있습니다."

10. 그 사람이 바라는 대로 만들어진 것

    예: "괜찮아요. 바라던 바니까."

11. 그들만이 할 수 있는 일

    예: "이번 신상품 괜찮지요? 저희 오리지널 제품입니다."

12. 쉽게 완수되는 것

    예: "이 기계는 전문가가 아니어도 쉽게 쓸 수 있습니다."

13. 자신이 존경하는 사람이 진행하는 것

    예: "자네가 존경하는 이사님도 괜찮은 아이디어라면서 이 제안에 찬성했네."

14. 잘하는 분야의 것

    예: "이번에는 우리 회사가 잘 만드는 가전제품으로 사운을 걸어보려고 합니다."

15. 어쩌다 우연히 원하게 되었거나, 하고 싶어진 것

    예: "느낌이 왔으면 바로 구입하세요. 쇠뿔도 단김에 빼라고 하잖아요."

물론 여기에서 꼽은 열다섯 가지 예시들이 모든 상황에 적용될 만한 설득력을 가진 것은 아니다. 하지만 '선악'을 가리는 토론에서는 이와 같은 설득 패턴으로 주장하면 근거를 갖고 이야기하는 것 같은 인상을 연출할 수 있다.

프로네시스를 전달하는 법 2
: '더 좋은 것'을 제시하라

'선악'을 가리는 토론 중에는 'A는 좋은 것인가?'와 같이 하나의 대상을 놓고 이야기하는 것뿐만 아니라 'A와 B 중 어느 쪽이 좋은가?'와 같이 두 개 이상을 놓고 비교하는 경우도 있다. 이와 같은 **비교의 토론은 청중에게 프로네시스를 느끼게 할 수 있는 절호의 기회다.** 처음부터 '어느 쪽이 좋은가'라는 대립축이 세워진 만큼 토론의 구도도 선명하게 드러나는 데다, 청중의 입장에서도 훨씬 이

해하기 쉽기 때문이다.

아리스토텔레스는 이와 같은 'A와 B 가운데 좋은 것을 고르기의 토포스'에 대해 자세히 설명하고 있는데, 그중에서 오늘날에도 적용하기 쉬운 것들을 목록으로 정리해 몇 가지 소개하고자 한다. 아리스토텔레스가 알려 주는 방식에 따라서 말한다면 두 가지 중에서 좋은 쪽을 선택하기 위해 논리적으로 비교하는 것처럼 받아들여질 수 있다.

1. 장점이 많은 쪽(여기서 장점이 많은 쪽은 적은 쪽의 장점까지 모두 갖고 있어야 한다).
   예: "A라는 차종은 B와 같은 편리함과 안전성을 가지면서, 디자인까지 좋네요. A를 삽시다."
2. B는 A의 전제이지만, A는 B의 전제가 아닌 경우에서 B인 쪽
   예: "취미 생활을 하는 것도 다 건강을 위한 것인 만큼, 무엇보다 건강이 중요하다."
3. 양자가 똑같은 상대에 비해 우수할 경우, 더 월등하게 우수한 쪽
   예: "도전자가 KO시키는 데 7라운드나 걸린 상대를, 챔피언

은 1라운드 만에 쓰러트렸습니다. 이것만 봐도 챔피언이 훨씬 유리하지요."

4. 더 좋은 결과를 가져오는 쪽

    예: "영업 성적은 A군보다 K군이 좋으니까요. K군에게 더 좋은 평가를 줘야 합니다."

5. 더 좋은 원인에서 생겨난 결과

    예: "아마추어의 분석보다는 프로가 내린 분석을 참고해야 합니다."

6. 수단보다 목적

    예: "아무리 타격 폼에 매달린다고 한들, 치지 못하면 무슨 소용이야. 지금 너한테는 하나라도 많은 안타를 치는 게 더 중요하다고."

7. 결과보다 원인

    예: "실현한 것은 우리지만, 애초에 아이디어를 낸 것은 S군이기 때문에, 이번 일은 S군의 공이 크지."

8. 원인보다 결과

    예: "무슨 말씀이세요. 저는 그저 아이디어만 냈을 뿐인 걸요. 이런 성과는 다 여러분들 덕분입니다."

9. 넘치는 것보다 희귀한 쪽

예: "같은 값이면 아무래도 한정품이 낫겠지?"

10. 정보가 적은 것보다 많은 쪽

    예: "당연히 뭐가 좋은지 감도 잡히지 않는 건강보조식품보다는 평소 식단을 관리하는 게 훨씬 더 건강에 낫지."

11. 둘 중 더 높은 가치에 장점이 많은 쪽

    예: "물론 A는 B보다 돈이 많을 거야. 하지만 B는 A보다 친구가 많잖아. 더 행복한 쪽은 B지."

12. 훌륭한 사람이 선택한 쪽

    예: "우리 업계에서 잘나간다는 사람들을 보니 죄다 스케줄러 다이어리를 쓰더라고. 그래서인지 일정을 간편하게 입력할 수 있는 스마트폰 앱보다 직접 펜으로 기록하는 스케줄러가 뭔가 더 좋아 보이네."

13. 불쾌한 것보다 유쾌한 쪽

    예: "뜨뜻미지근하게 계속 고민하는 것보다는 속전속결로 털어낸 다음 기분 좋게 일하고 싶다."

14. 똑같은 장점일지라도 나열해서 보여주는 쪽

    예: "'이 차는 어디서든 주행이 가능합니다'라고만 설명하면 소비자들이 관심이나 가지겠어요? '이 차는 아스팔트길이나 자갈길, 산길, 눈길, 사막까지 주행이 가능합니다'라고 구체

적으로 장점을 집어서 홍보 문구를 다시 작성해 주세요."

15. 나중에 얻은 것보다 타고난 것

    예: "직접 겪어 보니 재능의 차이를 노력만으로는 극복할 수 없더라고."

16. 모두에게 일반적으로 좋은 것보다 개인에게 실질적으로 도움이 되는 것

    예: "명품 붓도 여럿 써봤지만 나는 이 저렴한 붓이 제일 잘 써지더라. 더 비싼 걸로 바꿀 생각은 없어."

17. 타인의 시선을 신경 쓴 선택보다 자신의 본능에 따른 선택

    예: "주위에서 뭐라 해도 신경 쓰지 말고 진짜 하고 싶은 일을 해. 그게 훨씬 더 행복할 거야."

이 목록에서 7번과 8번, 9번과 10번은 상반되는 이야기 같지만, 실제 토론에서는 종종 상반된 의견이 동시에 성립된다.

앞에서도 계속 강조했지만 상대방에게 자신이 가진 프로네시스를 전달하고 싶다면 청중의 취향이나 지향을 사전에 알아보고 그 상황에 맞춰 이야기하는 것이 중요하다.

참고로 프로네시스는 아리스토텔레스 철학에서 무척 중요한 개념이다. 더 자세히 알고 싶은 독자께서는 그의 저서인 《니코마코스

윤리학》을 읽어보길 권한다.

부당한 공격으로부터 나를 지키는 방법

지금까지 인성을 연출하는 방법을 설명해왔는데, 현실에서는 그와는 정반대로 타인이 나의 인성을 비난하는 방식으로 공격하는 경우도 많이 발생한다. 이른바 '인신공격'이다.

이런 공격의 목적은 **토론 상대의 인성을 나쁘게 보이게 해서 그 상대방이 하는 말의 설득력을 떨어뜨리려고 하는 데 있다.** 구체적인 예를 들자면 토론 상대의 과거 실패나 부정한 사건을 언급하는 것이다.

"○○라고 말했던 사람에게 그런 말을 듣고 싶지는 않네요."
"당신 역시 ××라는 끔찍한 짓을 저질렀잖아."

이와 같은 방법으로 상대방이 뱉은 실언의 말꼬리를 잡고 늘어지거나, 과거에 저질렀던 실패를 집요하게 들춰내는 것이다. 이러한 공격 행위를 가리켜 아리스토텔레스는 '중상'이라 부르며, 그에 대응하기 위한 반론법에 대해서도 소개했다. 바로 '중상에 대한 단계별 반론의 토포스'다.

나를 보호하는 여섯 겹의 방호벽

《수사학》제3권 제15장에 소개되어 있는 '비방과 중상에 대한 단계별 반론의 토포스'의 순서는 방위선의 순서에 맞춰 여섯 단계로 구성되어 있다. 따라서 누군가 자신을 부당하게 공격한다면 다음과 같은 과정에 따라 자신이 설정할 수 있는 단계의 방위선에서 방어할 수 있다.

이 여섯 단계 방어법을 **나를 둘러싼 여섯 겹의 방호벽**이라고 이미지화시켜 상상한다면 더욱 이해가 빠를 것이다. 상대방의 공격 강도나 자신이 맞닥뜨린 상황에 맞춰 방위선을 점점 안쪽으로 이동시켜 나가는 것이다.

제1방위선: '그런 사실이 없다.'

우선 중상의 내용이 사실이 아닐 경우 혹은 정황상 사실이 아니라고 주장할 수 있는 경우 '그런 사실이 없다', '사실무근이다'라고 반론하는 것이 맨 처음에 시도해야 할 선택지다.

'그런 사실이 없다'라는 방위선을 설정할 때에는 청중이 납득할 수 있을 만한 근거를 제시하고 거기서부터 생략삼단논법이나 예증을 시도해야 한다. 당연한 이야기이지만 감정의 유도만으로는 사실 관계를 다룰 수 없다.

제2방위선: '사실이지만 피해는 없었다.'

가령 상대의 중상에 담긴 내용이 사실이라고 할지라도 '사실이기는 하지만, 피해가 있을 만한 일은 아니다'라고 반론할 수 있다.

예를 들어 '당신이 지적한 실수를 저질렀던 것은 맞지만, 그 일로 누구에게도 아무런 폐를 끼치지 않았으며 최선을 다해서 잘 수습했습니다'라고 말하는 것이다. 물론 이 경우에도 확실한 근거를 바탕으로 'ㅇㅇ이니까 피해가 되지 않는다'라고 생략삼단논법이나 예증을 활용해 청중에게 증명해 보일 필요가 있다.

제3방위선: '피해가 있었지만, 당신에게는 아니다.'

중상에 담긴 내용이 사실인 데다가 피해까지 발생한 경우에도 상대방이나 주위 청중에게 '피해가 있었을지도 모르지만 여러분에게 악영향을 끼친 부분은 전혀 없다'라고 반론할 수 있다. 예를 들어 '이 일로 피해를 입고 있는 사람들은 악인이나 그렇게 당해도 마땅한 인간들뿐이었다'라는 취지로 반론하는 것이다.

경우에 따라서는 '좋은 것의 토포스'에서 소개한 '적에게 이익을 가져다주는 일의 반대되는 것은 좋은 것이다'라는 논리를 이용해 "저의 행동이 적에게 해를 끼치는 것이라면, 꼭 나쁘다고 말할 수는 없지 않습니까!"라고 역으로 강하게 주장할 수도 있다.

제4방위선: '청중에게 피해가 있다고 해도 대단하지는 않다.'

다음은 자신의 행위가 실제로 청중에게 해를 끼치는 경우다. 이때부터 상황이 슬슬 불리해지기는 하지만, 아직까지는 반론이 가능하다. 즉 '청중이 피해를 입었다고 해도, 상대방이 주장하는 것만큼 대단한 일은 아니다'라고 주장하는 것이다. 예를 들어 **"그렇게까지 말할 정도의 일이 아니잖아요?"** 라는 뉘앙스로 반론하는 방식이라고 할 수 있다.

이 단계에서는 피해의 크기를 가늠할 때 '비난하고 싶어질 만큼 대단하게 느껴지는가'라는 감정적인 요소도 적지 않게 개입된다. 그렇기 때문에 '겨우 그 정도 피해를 가지고 이러쿵저러쿵 말하는 것은 구차한 일이다'라고 주장하면서 부끄러움의 감정으로 유도하는 것도 효과적인 방법이다.

제5방위선: '적어도 법적으로는 문제가 없다.'

'여섯 겹의 보호벽' 가운데 실제로 시도할 수 있는 방어 수준은 대략 여기까지다. 제1방위선부터 제4방위선에 이르기까지 반론하지 못한 경우에는 '적어도 법적으로는 문제가 없다', '사람으로서 어쩔 수 없는 사정이 있었다'와 같은 변명을 내세울 수 있다.

이와 같은 반론 방식은 실제로도 주변에서 쉽게 찾아볼 수 있다. '분명 지각이 잦은 것은 사실입니다. 하지만 남편이 입원한 상황에서 매일 아침 아이를 학교 앞까지 데려다 주고 출근하다 보니 그렇게 되었습니다'와 같이 감정에 호소함으로써 연민을 자아내는 방식이 그 대표적인 사례다.

또한 시간차를 이용해서 "당시에는 그 일이 위법이 아니었다"라고 하거나 "나만 그런 게 아니라 다들 그래왔다"와 같이 피장파장을 들먹이는 방식의 반론도 가능하다.

제6방위선: '법적으로 문제는 있지만 큰일은 아니다.'

실제로는 마지막 단계까지는 거의 사용되지 않지만, 참고 정도로 알아두기 바란다. 예를 들어 법을 위반했을지라도 중대한 범죄였는지를 따지는 방식으로 반론할 수 있다. 또한 법적으로나 도덕적으로 문제가 있는 경우에도 '분명히 잘못된 행동이었지만, 사람으로서 마지막 선은 넘지 않았다'와 같은 변명을 통해 반론할 수도 있다. 예를 들어 "그때 도둑질을 하긴 했지만, 배가 너무 고파 유통기한이 지난 빵 하나를 훔쳤을 뿐입니다"라고 호소하는 것이다.

물론 현실에서 통용되기에는 쉽지 않은 반론이기는 하다. 이 정도 단계까지 오면 이제는 감정 유도나 '좋은 것의 토포스'를 함께 동원해 변명할 수밖에 없다. 예를 들어 "제한 속도를 넘어 과속 운전을 한 것은 사실입니다. 하지만 어머니께서 편찮으시다고 하시기에 서두를 수밖에 없었습니다", "그 작전에는 비인도적인 수단이 포함되었을지도 모른다. 그래도 그런 극단적인 방법을 썼기 때문에 아군의 피해를 최소한으로 줄일 수 있었다"라고 말하는 것이다.

물론 이를 뒷받침하는 상당한 근거가 없다면 제6방위선에까지 이르러 청중을 설득하기란 쉽지 않을 것이다.

중상에 대한 여덟 가지 방어법

아리스토텔레스는 중상에 대한 반론으로서 다음과 같은 방식도 소개했다.

1. '내가 주도한 행위가 아니다.'

상대의 지적이 사실이라고 해도 '당시에는 어쩔 수 없었다', '명령을 받아서 했을 뿐이다'와 같은 방식으로 반론할 수 있다. 즉 지적받은 부정한 행위가 자신이 주도한 선택에 따른 행위가 아니었다고 주장하는 것이다.

2. '그럴 의도는 아니었다.'

동기에 초점을 맞춰 반론하는 것도 가능하다. 즉 결과적으로 부정한 행위가 된 것은 맞지만, 좋은 의도에서 시작한 것이며 어쩌다 보니 그런 결과를 맞게 되었을 뿐이라고 호소하는 것이다.

3. '당신도 나와 다르지 않다.'

자신을 중상하는 상대방이 자신과 크게 다를 바 없는 행위를 한 적이 있거나 현재에도 계속하고 있다면 그것을 지적하는 것도 좋은 반격 방법이다. 이때 상대방에게서 그런 의혹을 찾을 수 없다면, 상대방과 가까운 사람이나 관계자의 부정한 부분을 들춰 지적해도 똑같은 효과를 얻을 수 있다.

4. '나에게만 엄격한 기준이 적용되고 있다.'

과거에 자신과 비슷한 잘못을 저지른 제3의 인물이 받았던 처분과 현재 자신이 받고 있는 중상의 강도를 비교하는 반론 방법이다.

예를 들어 제3의 인물이 자신과 비슷한 잘못을 저지르고도 쉽게 용서를 받았다면 이를 지적하며 현재 자신이 받고 있는 중상이 가혹하다고 주장하는 것이다.

이 반론 방법을 활용할 때에는 중상을 시도하는 상대방의 선배나 지인 등 상대방이 추궁하기 어려운 인물을 끌어들이는 것이 좋다. 그렇게 되면 상대방은 이쪽을 추궁하면서 그 지인들도 함께 공격해야만 자신이 전개했던 논리에 어긋나지 않고, 결과적으로 이러지도 저러지도 못하는 입장에 빠지게 된다.

5. '당신은 무고한 사람을 비방한 적이 있다.'

상대방이 엉뚱한 사람에게 의혹을 씌워 중상했던 과거가 있다면 그것을 지적함으로써 상대방 주장의 설득력을 떨어뜨리게 만드는 것도 효과적인 반론법이다.

6. '그러는 당신도 다른 일에서 깨끗하지는 않았다.'

중상의 내용과는 다른 생뚱맞은 주제를 꺼내 화제를 돌리는 반론법이다. 논리적으로는 잘못되었지만, 상대방과 관련된 다른 의혹을 제기해 반격하는 것 역시 중상을 방어하는 데 효과가 있다. 그만큼 상대방은 인성이 부족하기에 신용할 수 없다는 주장도 될 수 있고, 청중들의 관심이 새로운 의혹으로 전환되면서 상대적으로 자신은 좀 더 편해질 수도 있기 때문이다.

7. '이미 예전에 모두 해결된 일이다.'

과거에 해소된 의혹을 다룬 중상에 대해서는 예전에 해결되면서 모두 끝난 일이라고 지적하는 것도 효과적인 반격 방법이다.

8. '그것은 비열한 인신공격이다.'

일반적으로 중상에는 토론을 방해하는 행위라는 부정적인 이미지가 있다. 그러한 거부감을 청중 앞에서 직접 지적할 수도 있다.

정리 노트

- '좋은 사람'의 발언은 '좋은 것'이라고 받아들여지는 현실을 직시하고 이를 활용할 줄 알아야 한다.
- 청중에게 신뢰받는 사람은 '청중에 대한 호의', '덕', '프로네시스'라는 세 가지 덕목을 갖추고 있다.
- 이 세 가지 덕목이 갖춰졌음을 연출할 수 있어야 다른 사람을 효과적으로 설득할 수 있다.
- '덕'이란 정의, 용기, 절제 등 '훌륭한 사람'이라고 일컬어지는 존재가 갖추고 있을 법한 요소를 가리킨다.
- 설득력을 갖추기 위해서는 그 상황에 가장 잘 어울리는 '덕'을 연출할 수 있어야 한다.
- '실천적 지혜', '사려 깊음' 등으로 번역되는 '프로네시스'란 행복을 염두에 두고 이야기하거나, '좋고 나쁨'을 적절하게 판단할 수 있는 능력을 의미한다.
- 어떤 방법으로 주장을 하고, 어떤 인성을 연출할지는 듣는 사람의 행복관에 맞춰야 한다.
- 상대방으로부터 비방 및 중상, 인신공격을 받을 때에는 '여섯 단계 방위선에 맞춰' 대처할 수 있다.

Chapter 6

금지된 말의 기술

궤변으로부터 나를 지키는 지혜

왜 금지된 말의 기술을 배워야 하는가?

아리스토텔레스의 변론술에서는 '논리적인 화법'과 '내용의 올바름'을 중요하게 여긴다. 이것이야말로 토론을 통해 당면한 문제를 해결하는 데 가장 중요한 요점이기 때문이다. 변론술의 '생명선'이라고도 할 수 있다.

토론은 단순히 이겨야 하는 말싸움이 아니다. **토론이란 더 좋은 결론을 유도하기 위한 수단이지 전투의 장이 아니기 때문이다.** 예를 들어 감정론을 활용해 토론에서 상대방의 의견을 꺾었다고 해도 청중의 진심 어린 납득은 결코 얻지 못할 것이다. 그리고 무조건 이겨 보겠다고 전개하는 주장으로는 회사나 가정, 인간관계는 물론 세상을 좋은 방향으로 이끌어갈 수도 없다.

그러나 이러한 설명이 현실에서 반드시 들어맞지는 않는 것 또한 사실이다. 평소 우리 주변에서 벌어지는 토론이나 회의, 연설만 봐도 알 수 있다. 그곳에서 전개되는 주장과 설득이 과연 모두 논리적이고 바르기만 한 것일까?

사이비들이 구사하는 '검은 토포스', 궤변

한눈에 보기에도 두서없이 엉터리로 말하는 사람은 그나마 낫다. 그런 사람들의 감정론은 쉽게 간파되고, 청중 역시 납득하지 않을 것이기 때문이다. 청중은 바보가 아니다.

그런데 실제 토론에서 **가장 골치 아픈 존재는 언뜻 논리적으로 보이지만 실제로는 전혀 논리적이지 않은 주장을 하는 사람들이다.** 그럴듯해 보이지만 하나하나 따져 보면 제대로 된 내용 하나 찾기 힘든 이야기를 듣다 보면 이런 생각이 든다. '논리는 분명 통하는 것 같은데, 왠지 납득이 가지 않는다.'

하지만 토론에 익숙하지 않은 사람들은 구체적으로 어떤 부분이 납득이 되지 않는지 짚어낼 수 없다. 아리스토텔레스는 이러한 상황에 대해 다음과 같이 설명한다.

> 생략삼단논법에도 진정한 생략삼단논법이 있고, 그런 것처럼 보이기만 할 뿐인 유사 생략삼단논법이 있다.
>
> 《수사학》 제2권 제24장

즉 '논리는 통하지만 어딘가 납득이 가지 않는' 주장에는 유사 생략삼단논법이 사용되고 있는 것이다. **이런 주장을 가리켜 '궤변'이라고 한다.** 아리스토텔레스가 이야기하는 궤변이란 '생략삼단논법 대신 유사 생략삼단논법을 활용해 상대방에게서 특정 감정을 유도하고 자신의 인성을 연출해서 상대방을 설득하려는 화법'이라고 할 수 있다.

아리스토텔레스의 설명에 따르면 궤변은 명백한 오류이며, 이러한 궤변에 동원되는 설득 패턴은 '거짓 토포스', 즉 거짓 설득의 기술이다. 그야말로 '검은 토포스'라고 할 수 있다.

거짓 토포스를 악용하면 다른 사람을 속이는 수단이 된다. 그럼에도 **거짓 토포스를 배워야 하는 이유는 궤변에 대해 제대로 알고 있어야 궤변의 먹이가 되지 않기 때문이다.**

이제부터는 아리스토텔레스가 열거한 궤변에 사용되는 거짓 토포스에 대해 설명하고자 한다.

금지된 말의 기술 1: 결론 같은 거짓 토포스

첫 번째 거짓 토포스는 애초에 근거가 될 수 없는 것을 근거로 삼아 마치 진리인양 결론을 유도하는 방법이다. 아리스토텔레스는 전문가들 간의 토론에서 활용되는 변증술의 사례를 인용해 다음과 같이 설명하고 있다.

> 변론술의 입장에서 보면 추론 과정을 거치지 않았음에도 불구하고 마치 추론을 거쳐 도달한 결론인 것처럼 '따라서 이러저러하지 않다' 혹은 '따라서 이러저러해야만 한다'라고 언명을 마치는 일과 같은 것이다.
>
> 《수사학》 제2권 제24장

이 토포스를 오늘날의 상황에 맞게 응용하면 다음과 같은 문장을 만들 수 있다.

"보시는 바와 같이 이번에 우리 회사에서 출시한 신상품은 지금까지 볼 수 없었던 새로운 발상으로 만들어졌습니다. **따라서** 크게 히트를 칠 것으로 기대됩니다."

주의 깊게 보면 살펴보면 이 문장은 근거와 결론이 연결되지 않는다. '지금까지 볼 수 없었던 새로운 발상으로 만들었다'는 전제는 '큰 히트를 기대할 수 있다'는 결과의 근거가 될 수 없다. 새로운 발상으로 만들어진 것이라고 해서 큰 호응을 받을 것이라는 보장은 없기 때문이다. 오히려 누구도 시도해 본 적이 없는 방법이라면 실패할 가능성이 크다고 생각할 수도 있다.

그러나 '**따라서**'와 같은 확신에 찬 접속 부사가 들어가 있으면 왠지 추론이 성립되는 것처럼 착각하게 된다. 글로 볼 때에는 그나마 분별할 수도 있지만, 프레젠테이션 등에서 발표자의 말쑥한 태도를 보며 당당하게 전하는 말을 듣다 보면 어딘지 그럴듯하다는 인상을 받게 된다.

이처럼 표현의 뉘앙스만으로 추론이 성립되는 것처럼 보이는 궤변이 바로 '결론 같은 거짓 토포스'다.

'결론 같은 거짓 토포스' 간파법

아리스토텔레스는 거짓 토포스에 대해 기본적인 정의만 내리는 수준으로 간단하게 설명했지만, 이 책에서는 거짓 토포스를 간파하는 법과 반드시 짚고 넘어가야 할 부분까지 자세하게 소개하고자 한다.

우선 '결론 같은 거짓 토포스'에 속지 않기 위해서는 **근거와 결론이 제대로 연결되어 있는지를 확인할 필요가 있다.** 간단한 것 같지만 이런 거짓 토포스를 사용하는 사람들은 이른바 잔재주를 부릴 줄 알기 때문에 주의해야 한다.

그들이 구사하는 잔재주의 대표적인 방식은 **전제에 관해 쓸데없이 상세히 말하는 것이다.** 앞에 나온 1번 예시로 설명하자면 '어떤 이유에서 새로운 발상으로 만들었다고 말할 수 있는가?', '어떤 부분이 타사 상품과 다른가?' 등에 대해 장황하게 이야기하는 것이다. 이러한 잔재주에 홀린 청중은 자기도 모르는 새 '논리적인 이야기'를 듣고 있다는 착각에 빠지게 된다.

그리고 마지막 부분에서 '따라서 이것은 잘 팔릴 것이다'라고 자연스럽게 결론을 지으면 그 주장이 논리적이지 못하다는 사실을 쉽사리 눈치 채지 못하게 된다.

금지된 말의 기술 2: 다양성의 거짓 토포스

말은 문맥에 따라 의미가 달라지기도 한다. 아리스토텔레스는 '로고스'logos라는 그리스어 단어가 문맥에 따라서 때로는 '말'로 쓰이지만 때로는 '존중'이라는 전혀 다른 의미로 변한다는 사실을 사례로 들어 설명했다. 이런 말의 다양성을 악용하는 것이 바로 '다양성의 거짓 토포스'다.

예를 들면 다음과 같은 방식이다.

1. A: "철학서는 인생에 **도움이 돼**. 그러니까 사 두는 게 좋아."
   B: "얘기한 대로 사서 좀 읽어 봤는데, 어렵기만 하고 **뭐가 도움이 되는지도 잘 모르겠더라.**"
   A: "철학책은 일단 두껍잖아. 베개 대신 받치면 푹 자는 데 **도움이 되거든.**"

2. A: "이 설계대로만 하시면 다른 구조보다 **비용이 적게 듭니다**. 그러니까 이걸 추천 드릴게요."
   B: "비용이 덜 든다고 하셨는데, 확인해 보니까 달마다 꽤 많은 돈이 드는데요?"
   A: "저는 **도입 비용에 대해 안내했을 뿐**, 매월 들어가는 지속 비용에 대해서는 말하지 않았습니다. 어쨌든 다른 설계보다는 초기 투자비용이 저렴했잖아요?"

1번 예시에서는 '도움이 된다'는 표현의 다양성이 활용됐다. A는 철학서가 인생에 도움이 된다는 말을 '베개 대용으로도 쓸 수 있다'라는 의미로 사용했는데, B는 '인생에 참고가 될 만한 지혜가 들어 있다'라는 의미로 해석했기 때문이다. 그 바람에 B는 제대로 읽지도 못하는 책을 구입까지 했지만, A의 경우 '도움이 된다'라는 표현이 가진 중의적인 의미를 몰랐을 리가 없다.

2번 예시도 기본적으로는 1번 예시와 마찬가지 구조인데, 1번 예시보다 훨씬 악질적이다. 말의 맥락에서 '비용'이라는 단어가 가진 두 가지 의미, 즉 '도입 비용'과 '지속 비용'을 교묘하게 섞어 설득을 시도했기 때문이다.

일상에서 흔하게 악용되는 사기꾼들의 말기술

두 가지 예시 모두 '다양성의 거짓 토포스'가 악용되는 상황을 단순화시킨 것이기 때문에 쉽게 파악하는 것이 가능하지만, 실제 일상에서 이 거짓 토포스는 훨씬 더 복잡하고 교묘하게 악용되는 경우가 많다.

일반적으로 사람들은 대화를 나누면서 상대가 어떤 의미로 그 언어를 사용했는지 일일이 따지지 않는다. '상대방도 이런 의미로 사용했겠지' 정도로만 넘겨짚을 뿐이다. 앞서 1번 예시에서도 철학서가 '도움'이 되는 이유로 보통은 철학자의 깊은 지혜가 담긴 조언을 떠올리지, 베개를 대신할 수 있기 때문이라고는 생각하지 않을 것이다.

'다양성의 거짓 토포스'는 이러한 청중의 안이함을 이용한 기술이다. 악덕업자들이 특히 이를 악용하는 경우가 많다. "그런 의도로 말한 것이 아닙니다", "손님이 그렇게 마음대로 해석하신 거잖아요?" 이런 식으로 오히려 되묻는 경우도 있다.

특히 '효과가 있다', '성과가 나온다'와 같은 말은 어떤 지점에서 어떤 '효과'와 '성과'가 있는지를 얼버무려 이야기하기 쉽기 때문에 주의가 필요하다.

모호하게 뭉개는 말에는 선명하게 정리한 말로 받아쳐라

그렇다면 이런 '다양성의 거짓 토포스'에는 어떻게 대처해야 할까? 가장 먼저 해야 할 일은 상대방이 사용하는 말의 의미를 분명하게 확인하는 것이다. '이 방법이라면 반드시 좋은 성과가 나올 겁니다. 채용해야 합니다'라고 **상대가 '애매한 언어'를 사용했다면 '성과란 게 무엇을 의미하는 건가요?'라고 명확한 답변을 강제하는 상세한 질문을 던져야 한다.**

또한 다양성의 거짓 토포스는 종종 상대에게 결단을 압박할 때

질문의 형태로 이용되기도 한다. 예를 들어 '비용은 들지 않습니다. 어떠세요?'와 같이 동의를 구하는 형식이다. 그럴 때에는 상황에 맞춰서 정확하게 대답을 해야 한다. 예를 들어 'A라는 비용이 든다면 ○○, B라는 비용이 든다면 ××' 등으로 의미를 확실히 정리해서 대답하는 것이다.

금지된 말의 기술 3: 분할과 합성의 거짓 토포스

혹시 주위에서 다음과 같은 말을 한번쯤 들어본 적이 있을지도 모르겠다.

1. "이 약을 두 배로 복용했을 때 부작용이 생긴다면, 그 절반만 먹어도 몸에 좋지 않은 건 마찬가지 아닐까?"
2. "히트상품 A의 장점과 히트상품 B의 장점만 합쳐 놓은 상품을 만들면 크게 히트할 거야."

'분할과 합성의 거짓 토포스'란 어떤 의미에서 제3장의 분할의 토포스를 악용한 것으로, 사건을 자의적으로 나누거나 더해서 거짓 결론을 유도하는 토포스다.

예를 들어 1번 예시는 '부적절하게 분할한 것'으로, '이 약은 정량의 두 배로 먹으면 부작용이 생긴다고 한다. 그러니까 정량을 지켜도 조금이나마 해가 있을 것이다'라고 주장하는 형태다.

2번 예시는 '부적절하게 합성한 것'으로, 'A라는 상품은 과거에 성공했다. B라는 상품도 잘 팔렸다. 그러니까 그 둘을 합친 상품 C도 분명 히트를 칠 것이다'라고 주장하는 형태다.

이들 예시에 나온 주장들이 거짓 추론에 지나지 않음에도 불구하고 통용되는 이유는 **분할과 합성이 '양'뿐만 아니라 '질'에도 변화를 가져온다는 사실을 사람들이 쉽게 망각하기 때문이다.** 분할과 합성은 사물의 성질을 얼마든지 변화시킬 수 있다.

극단적인 예로 하루 적정량이 두 알인 건강보조식품을 한꺼번에 50알이나 먹으면 당연히 몸이 망가진다. 아무리 몸에 좋은 건강식품이라도 지나치게 섭취하면 독이 되는 것은 명백한 사실이다.

또한 '잘 팔린' 상품들의 장점만 뽑아 아울렀음에도 불구하고 전혀 '팔리지 않는' 상품으로, 즉 질적으로 얼마든지 단점으로 변화될 수 있다. 예를 들어 별다른 호응을 받지 못한 전자제품이나 엔터테인먼트 콘텐츠들 중에 '유행하는 요소들만 죄다 그러모았네'라는 인상을 주는 것들을 어렵지 않게 찾을 수 있다. 바로 이러한 기획들이 누구도 눈치 채지 못한 채 거짓 토포스가 기획 회의에서 통과되었다는 증거가 아닐까?

참고로 '그 회사는 일류 기업이니, 근무하는 사원들도 우수할 것이다'와 같은 견해 또한 분할에 의한 질의 변화를 무시한 주장이라고 할 수 있다.

'분할과 합성의 거짓 토포스' 간파법

상대의 주장 속에서 어떤 요소가 분할되거나 합성될 경우 듣는 사람은 다음 두 가지를 짚어 봐야 한다.

첫 번째는 상대의 거짓 추론이 수에 의한 분할 및 합성으로 성립된 경우, 그 수의 변화가 질의 변화를 가져온다고 지적하는 것이다. 1번 예시의 경우 '적정량의 두 배라는 양이 바로 독이 되는 원인이다. 절반, 즉 정량이라면 아무런 문제도 없다'라는 반론을 제기할 수 있다.

두 번째는 분할과 합성의 방법에 주의하는 것이다. 2번 예시에 적용하자면 '목적도 사용자도 서로 다른 상품 A와 B를 합친다고 해서 A와 B의 구매자들이 모두 사 줄까?'라고 반박할 수 있다.

금지된 말의 기술 4: 부대적 결과의 거짓 토포스

세상에는 어떤 원인이 우연한 기회를 맞아 어떤 결과를 일으키는 일이 종종 일어난다. 아리스토텔레스는 이런 우연한 결과를 가리켜 '부대적 결과'라고 설명한다. 여기서 '부대'의 성질이란 우유성偶有性이라고도 불리는데, 아리스토텔레스 철학에서 말하는 '본질'과 반대되는 의미를 가진다. 여기서는 '본질이 아닌 것', '부속물' 정도라고 이해하면 충분하다.

'부대적 결과의 거짓 토포스'란 **부대적 결과를 마치 본질적인 결과처럼 주장하는 기술**이다. 예를 들어 야구 경기를 보러 야구장에 가다가 도로에서 천 원을 주웠다고 하자. 이런 소소한 횡재를 겪고 나서 이렇게 말하는 것이다.

1. "야구장에 가면 천 원을 주울 수 있어."

물론 보통은 '야구를 보러 가다가 우연히 천 원을 주웠다'라고 생각할 것이다. '천 원을 주웠다'는 사실은 단순한 우연, '부대적 결과'에 지나지 않기 때문이다. 1번 예시는 듣자마자 그렇다고 깨달을 수 있는 유형으로, 누구라도 금방 이상하다는 점을 눈치 챌 수 있다. 그러나 현실에서는 좀 더 알아채기 힘든 교묘한 형태로 부대와 본질이 교체된다.

원인을 살짝 바꿔 함정에 빠뜨리다

그럴 때 흔하게 이용되는 것이 '**원인의 교체**'다. 원인의 교체는 어떤 결과를 두고 '진짜 원인'이 아닌 것을 마치 진짜 원인인 것처럼 간주한 다음 주장하는 방법이다. 예를 들어 하루 세 끼를 토마토만 먹은 사람의 체중이 크게 감소했다고 하자. 이러한 사실을 근거로 다음과 같이 주장하는 것이다.

2. "토마토만 먹었더니 살이 빠졌어요. 토마토가 다이어트에 참 좋은 음식이네요."

토마토만 먹어서 살이 빠진 이유는 사실 '칼로리가 부족하기 때문'으로 '토마토의 영양 성분' 때문이 아니다. 오이든 사과든 하나의 채소만 내리 먹었어도 결과는 비슷하게 나왔을 것이다. 어쩌면 운동을 했기 때문이라는 다른 원인이 있을지도 모르지만 여기서는 생략한다.

그러나 현실은 더욱 복잡하다. 2번 예시는 단순한 문제이기에 진짜 원인이 무엇인지를 비교적 쉽게 찾을 수 있었다. '원인의 교체'를 히트 상품 분석에 적용한다면 어떨까? 흥행의 원인이 디자인인지 아니면 판매 전략인지, 당시 경기에 있는지, 유행에 있는지 또는 지금까지 열거한 항목들의 조합에 있는지 진짜 원인을 찾는 일은 쉽지 않을 것이다.

지금까지 살펴본 바와 같이 '부대적 결과의 거짓 토포스'나 '원인의 교체'는 우리도 모르는 사이에 일상 속에서 우리를 함정에 쉽게 빠뜨리는 말의 기술이라고 할 수 있다.

제시된 결과가 필연인지 우연인지를 따져라

특히 누군가 영업을 하려고 왔을 때 혹은 다이어트나 재테크와 같이 특정 욕구를 부추기는 상황에서는 **상대가 주장하는 '○○하면 ××가 된다'가 '부대적인 결과의 거짓 토포스'나 '원인의 교체'가 아닌지를 우선 살펴볼 필요가 있다.**

즉 상대의 주장이 본질적인 인과 관계를 포함하고 있는지, 아니면 그저 우연히 그렇게 된 사례를 근거로 제시하고 있는 것인지를 점검하는 것이다.

이러한 거짓 토포스에 대처하는 요령은 '○○해도 ××가 되지 않았다'라는 사례를 찾는 것이다. 만약 그렇게 되지 않은 것이 다수

발견된다면 상대의 주장은 거짓 추론이라고 할 수 있다.

금지된 말의 기술 5: 조건의 거짓 토포스

'조건의 거짓 토포스'란 **특정 조건에서만 적용되는 사항을 마치 모든 조건에서 가능한 것처럼 포장하는 방법**이다. 아리스토텔레스는 이에 대해 다음과 같은 예를 들었다.

1. "존재하지 않는 것은 존재한다. 존재하지 않는 것으로서 존재하고 있기 때문이다."

이 예시는 본래 어떤 조건 아래에서만 통용되는 것을 무조건 그렇다고 결론지어 버리는 것이다. 좀 더 자세히 풀어서 설명하자면, 본래 존재하지 않는 것은 '존재하지 않는 것으로서'라는 상황에서만 존재한다. 그런데도 전반 부분에서 '존재하지 않는 것은 존재한다'라고 마치 무조건 존재하는 것처럼 설명하고 있기 때문에 모호한 결론이 되어버린 것이다.

이렇게 조건을 무시한 논의는 오늘날 우리 주변에서도 흔하게 찾을 수 있다. 예를 들어 스포츠 방송에서 해설자가 어떤 선수의 실책을 분석하면서 다음과 같은 발언을 했다고 가정하자. "그 선수의 입장에서 보자면 당시에는 그 판단이 최선이었다고 생각했을 수도 있습니다."

이러한 발언을 두고 평소 해설자에게 악의를 품은 누군가가 다음과 같은 주장을 할 수도 있다.

2. "그 해설자는 승패를 결정지은 치명적인 실수를 두고 최선의 판단이었다면서 옹호하고 있다. 말도 안 되는 녀석이다!"

여기에는 '그 선수의 입장에서 보면'이란 조건이 무시되어 있다. 혹은 다이어트 상품 광고에서 작게 '적절한 운동과 병용한 경우'라고 표시하면서 다음과 같이 홍보하는 것도 '조건의 거짓 토포스'다.

3. "2개월에 10킬로그램 감량에 성공!"

여기에서도 '적절한 식사와 운동을 병용한 경우'라는 조건을 상세하게 밝히지 않고, 해당 상품을 구입해 사용하기만 하면 무조건 '2개월에 10킬로그램 감량에 성공'하는 것처럼 기만하고 있다.

'모든 조건에 적용된다'는 주장을 의심하라

일반적으로 세상에는 **무조건 성립한다고 말할 수 있을 만한 법칙은 존재하지 않는다**. 아무리 그럴듯하게 들리는 의견일지라도 '이런 경우에는', '이런 시기에는', '이런 점에서는', '이와 관련해서는' 등의 제한적인 조건 아래에서 성립되기 마련이다.

이런 거짓 토포스에 속지 않기 위해서는 상대방의 주장에 어떤 조건이나 전제가 필요한지 항상 비판적으로 생각하는 습관을 기를 필요가 있다.

정리 노트

- 궤변을 이용해서 사실은 논리적이지 않은 것을 마치 논리적인 것처럼 말하는 사람을 주의해야 한다.
- 결론 같은 거짓 토포스 간파법: 근거가 제대로 주장의 이유가 되고 있는지를 확인한다.
- 다양성의 거짓 토포스 간파법: '효과적이다', '성과가 있다'와 같이 애매한 표현에 특히 주의하고, 구체적으로 어떤 부분에서 효과나 성과가 있는지를 분명하게 따진다.
- 부대적 결과의 거짓 토포스 간파법: 거짓 원인을 진짜 원인처럼 주장하고 있지는 않은지 확인한다.
- 조건의 거짓 토포스 간파법: 어떤 주장이 성립되기 위해서는 '조건'이 있어야 하는 이야기를 무조건 성립되는 것처럼 말하고 있지는 않은지 확인한다.

> 나가는 글

설득이란 상대방을 이해하는 데에서 시작한다

이 책을 읽고 설득이란 어떻게 해야 하는 것인지 어렴풋하게나마 감이 잡히기 시작했을지도 모르겠다.

이 책에서는 아리스토텔레스의 《수사학》을 통해 '바른 설득이란 무엇인가?'에 대해 정면으로 다루고 있다. 그리고 어떻게 하면 '나의 주장을 관철시킬 것인가', '어떻게 하면 상대방을 설득할 수 있는가?', '어떻게 하면 사람을 움직이게 하는가?'에 대해 하나씩 살펴봤다.

여기서 지금까지 밝힌 내용들을 하나하나 다시 정리할 수는 없다. 다만 이 책에 담긴 내용 가운데 특히 좋아하는 부분이 있다. 바로 **아리스토텔레스가 설득을 시도하기 위해서는 상대방의 상식에서 출발해야 한다고 설명한 부분이다.** 이는 오늘날 대화나 토론 상황에서도 가장 중요한 부분이 아닐까?

아리스토텔레스식 변론술을 연구한 철학자 카임 페렐만Chaim Perelman은 세계에서 벌어지고 있는 정치적 분쟁의 대다수는 관용의 부족과, 진심을 담아 상대방에게 호소하는 설득 기술의 부재에서 비롯된 것이라고 주장했다.

설득은 상대를 말로 이기려는 시도가 아니다. 상대방을 이해하고, 상대방의 납득을 이쪽의 주장으로 유도하는 행위다.

그런 의미에서 바른 설득을 가능하게 하는 **아리스토텔레스의 변론술은 '무기'가 아니다. 자신과 상대 사이에 원만한 합의를 만드는 '도구'다.** 이 책에서 소개한 이 도구를 활용해서, 여러분의 토론이 더욱 유익해지기를 바란다.

마지막으로 이 책의 담당 편집자로서 기획 단계에서부터 함께 고민하고 마지막 순간까지 원고를 빛나게 해준 아사히신문 출판의 다카하시 가즈타高橋和記 씨, 그리고 여기까지 읽어주신 독자 여러분께 감사의 말을 전한다.

다카하시 겐타로